業績（行政成果）公監査論

わが国政府・地方公共団体・
パブリックセクターにおける
業績公監査の理論と実践を中心に

青山学院大学名誉教授
東京有明医療大学客員教授
一般社団法人青山公会計公監査研究機構 理事長

鈴木 豊 編著

税務経理協会

は じ め に

　国・地方公共団体の公会計・公監査におけるパブリックアカウンタビリティの履行については，国民，市民，納税者からの期待とそのギャップの大きさに関しては大きな議論が展開されて久しい。そのため，立法府・行政府・学会・会計専門職等からの提言・意見・検討も数多く多年にわたってなされてきている。しかし，制度化すなわち法制化については慎重なあるいは先延ばし傾向によって今一歩で停滞しているのが現状である。そこで本書では，どこに課題・論点があるのか，及びその展開の方向について検討する。

　国・地方公共団体等の公的機関の公監査制度は，大きく二つの類型に分けられる。国の会計検査院，地方公共団体の監査委員による公監査は，公監査主体の独立性水準によって公監査の目的・水準に異質な展開がみられ，一方，独立行政法人など新しく設置されている公的機関においては，公会計制度に発生主義・複式簿記が採用されている財務書類については，外部監査人による財務諸表監査が実施されている。

　公監査の目的は，企業会計の財務諸表監査とは異なり，法規準拠性・財務報告・業績（行政成果）公監査の包括的外部公監査3目的であり，また，公監査の保証水準も公監査目的によって異なることを，公監査の関係機関は識別していなければならない。

　国の公監査である会計検査院や地方公共団体の公監査は，監査水準の保証水準には到達出来ておらず，制度改革が求められている。国においては，外部独立性を高めるための会計検査院の位置付け及び公監査基準としての政府監査基準の設定等すなわちアメリカのGAOの位置付けとGAGAS（政府公監査基準；イエローブック）の設定の必要性の検討課題である。地方公共団体の公監査は，平成22年に総務省の地方行財政検討会議において三つの案が提示されており，それ以降検討中の段階である。

　公監査制度改革の論点は，独立性の確保，公監査機関の位置付け，公監査3

目的による包括・完全公監査の基準，業績（行政成果）公監査判断のための指標の開発等である。

そこで，本書では国・地方公共団体等のパブリックセクターにおける公監査において最も特徴的かつ国民・市民・納税者へのパブリックアカウンタビリティ履行の中心である税金・公金を財源とする行政成果に対する業績（行政成果）監査の理論と実践の基礎を提言する。

本書は，青山公会計公監査研究機構（鈴木豊，林賢是，石井和敏）のメンバーがそれぞれ分担執筆しているが，全体の構成と理論については共通の基盤に基づいている。

平成 25 年 4 月

　　　　青山学院大学名誉教授
　　　　東京有明医療大学客員教授
　　　　一般社団法人 青山公会計公監査研究機構 理事長
　　　　　　　　　　　　鈴　木　　豊

目　　次

はじめに

第1章　業績（行政成果）公監査の展開の理論 …………………………… 3
　＊プロローグ＊ ……………………………………………………………… 4
　① 公監査改革と業績（行政成果）公監査の強調 ………………………… 4
　② 業績管理統制の必要性 …………………………………………………… 8
　③ 業績リスクの識別の必要性 …………………………………………… 12
　④ 地方行政マネジメントと業績（行政成果）公監査 ………………… 15
　＊小括　―今後の展開―＊ ……………………………………………… 16

第2章　業績（行政成果）公監査と
　　　　　財務報告公監査・法規準拠性公監査の連関 …………………… 19
　＊プロローグ＊ …………………………………………………………… 20
　① 公監査基準（GAGAS）と業績（行政成果）公監査基準 ………… 20
　② 公監査基準の「前文」と業績（行政成果）公監査 ………………… 23
　③ 公監査の一般基準と業績（行政成果）公監査 ……………………… 23
　④ 財務報告・財務関連公監査基準と業績（行政成果）公監査 ……… 25
　⑤ 法規準拠性公監査基準と業績（行政成果）公監査 ………………… 29
　＊小　　括＊ ……………………………………………………………… 33

第3章　業績（行政成果）公監査の基準と実施過程 …………………… 35
　＊プロローグ＊ …………………………………………………………… 36
　① 業績（行政成果）公監査基準の体系 ………………………………… 36
　② 業績（行政成果）公監査実施基準 …………………………………… 37

3 業績(行政成果)公監査報告基準……………………………… 44
　　4 法規準拠性公監査プロセス……………………………………… 48
　　5 業績(行政成果)公監査プロセス……………………………… 49
　＊小　　括＊………………………………………………………………… 51

第4章　わが国の地方公共団体における
　　　　　業績(行政成果)公監査の位置付けと現状……………… 53
　＊プロローグ＊…………………………………………………………… 54
　　1 地方自治法上の業績(行政成果)公監査の位置付けと監査委員監査
　　　………………………………………………………………………… 54
　　2 外部監査における業績(行政成果)公監査の対象範囲……… 57
　　3 地方公共団体における業績(行政成果)公監査の実施状況とその課
　　　題………………………………………………………………………… 60
　　4 地方行財政検討会議における業績(行政成果)公監査の評価と方向
　　　性………………………………………………………………………… 62
　＊小　　括＊………………………………………………………………… 65

第5章　地方公共団体における業績報告と
　　　　　業績(行政成果)公監査の実施過程……………………… 69
　＊プロローグ＊…………………………………………………………… 70
　　1 業績指標の開示状況と業績(行政成果)公監査の関連……… 70
　　2 業績(行政成果)公監査の監査基準と着眼点基準の現状…… 75
　　3 業績(行政成果)公監査の報告書……………………………… 79
　＊小括　―地方公共団体における業績(行政成果)公監査の発展―＊…… 81

第6章　国際公会計基準(IPSAS)における業績報告書並びに
　　　　　独立行政法人に係る公監査……………………………… 93
　＊プロローグ＊…………………………………………………………… 94

1　国際公会計基準（IPSAS） ·· 94
　　2　独立行政法人等の制度及び公監査 ······································ 102
　＊小　　　括＊ ·· 114

第7章　法規準拠性・業績（行政成果）報告の作成基準と公監査報告書 ·· 117
　＊プロローグ＊ ·· 118
　　1　法規準拠性結果報告書の作成基準 ······································ 118
　　2　業績（行政成果）報告書の作成基準 ··································· 121
　　3　法規準拠性公監査報告書 ·· 126
　　4　業績（行政成果）公監査報告書 ·· 127
　＊小　　　括＊ ·· 130

第8章　公監査プロセスとQCチェックリスト ············ 133
　＊プロローグ＊ ·· 134
　　1　法規準拠性公監査プロセスとQCチェックリスト ················· 134
　　2　業績（行政成果）公監査プロセスとQCチェックリスト ········ 138
　＊小　　　括＊ ·· 142

第9章　地方公共団体の公監査制度改革に関する意識調査と今後の展開 ······································ 143
　＊プロローグ＊ ·· 144
　　1　意識調査の実施概要 ··· 145
　　2　質問趣旨と分析結果 ··· 146
　＊小括　―業績（行政成果）公監査の諸外国の展開―＊ ············· 166

第10章　業績（行政成果）公監査の実践ケーススタディ ············ 169
　＊プロローグ＊ ·· 170

3

（ケース1）〈テーマ〉公立病院の管理・運営 …………………………………… 170
（ケース2）〈テーマ〉中心市街地商業活性化推進事業 ………………………… 173
（ケース3）〈テーマ〉外郭団体・第三セクターの再生可能性の業績（行政成果）公監査 ………………………………………………… 175
（ケース4）〈テーマ〉包括外部監査における公共調達に対する監査手続 ……………………………………………………………………… 181

第11章　業績（行政成果）公監査制度の確立の処方せん ………… 189
＊プロローグ＊ …………………………………………………………………… 190
1　パブリックインフォームドコンセント（PIC）とパブリックアカウンタビリティ（PA）の識別 ……………………………………………… 190
2　業績（行政成果）報告と公会計基準統一の方向性の識別 ………… 191
3　公会計開示報告書の目的すなわち世代間衡平性の識別 …………… 191
4　行政（政策）評価と公監査，または内部公監査と外部公監査の識別 ……………………………………………………………………… 192
5　公監査の保証水準と公監査人の責任限界の識別 …………………… 193
＊むすびにかえて＊ ……………………………………………………………… 194

索　　引 …………………………………………………………………………… 195

業績(行政成果)公監査論
―わが国政府・地方公共団体・パブリックセクターにおける業績公監査の理論と実践を中心に―

青山学院大学名誉教授
東京有明医療大学客員教授
一般社団法人　青山公会計公監査研究機構　理事長
鈴木　豊　編著

第1章

業績(行政成果)公監査の展開の理論

＊プロローグ＊
1. 公監査改革と業績(行政成果)公監査の強調
2. 業績管理統制の必要性
3. 業績リスクの識別の必要性
4. 地方行政マネジメントと業績(行政成果)公監査
＊小　　括―今後の展開―＊

＊プロローグ＊

　国・地方公共団体等の公的機関においては近年，不適切な経理・財政支出のムダ使いや濫用等の税金・公金等の法規準拠性，経済性・効率性・有効性の視点からの公会計開示ニーズと公監査ニーズが，国民・市民・納税者から強く求められている。諸外国では公会計・公監査の理論と制度の一定の確立が認められるが，わが国においては，両制度とも未確立の状況である。そこで本章では，求められる公会計・公監査の理論的基礎を明示し，そこから展開すべき，特に公監査構造を理論的に明らかにする。

　ここで，公会計とは国・地方公共団体が自らの広義の業績を測定するための仕組みであり，公監査とはそこで作成された業績報告書の信頼性を利用者である国民・市民・納税者へ付与する仕組みである。

　究極的には業績（行政成果）報告書とその監査すなわち業績（行政成果）公監査の枠組みを示す。以後，業績（行政成果）公監査の実施・報告の基準と手続等を明らかにする。

1　公監査改革と業績（行政成果）公監査の強調

　国・地方公共団体等の公的機関のアカウンタビリティは，（**図表1-1**）に示すように諸外国では，左側の企業会計的アカウンタビリティから右側の公的機関特有のパブリックアカウンタビリティ（PA）へ公監査目的の展開がなされている。また，国民・市民・納税者の税金・公金に対する公会計・公監査要求から①～⑩へと公監査機能の拡張へと展開している。この中で，特徴的な公監査機能の拡張が，法規準拠性監査・財務報告監査から業績（行政成果）監査へと進んでおり，同時に業績計画監査，政策価値判断監査，ガバナンス監査，公正性・妥当性監査，業績・経営監査等の公監査範囲や目的の拡張が急速に進んでいる。

第1章 業績（行政成果）公監査の展開の理論

【図表1-1】　パブリックアカウンタビリティの展開類型

企業会計的←→公会計・公監査的	公会計・公監査機能の拡張
①　財政的アカウンタビリティ→管理的アカウンタビリティ→プログラムアカウンタビリティ	法規準拠性から業績監査へ
②　誠実性・合法性アカウンタビリティ→プロセスアカウンタビリティ→業績アカウンタビリティ→プログラムアカウンタビリティ→ポリシーアカウンタビリティ	業績監査，効率性，有効性監査へ
③　準拠性アカウンタビリティ→倫理的アカウンタビリティ	公平性・公正性・倫理性監査
④　事後的アカウンタビリティ→事前的アカウンタビリティ	予算，業績計画監査へ
⑤　行政的アカウンタビリティ→政治的アカウンタビリティ	政策価値判断監査へ
⑥　手続的アカウンタビリティ→管理的アカウンタビリティ	ガバナンス監査へ
⑦　客観的アカウンタビリティ→主観的アカウンタビリティ	公正性・妥当性監査へ
⑧　量的アカウンタビリティ→質的アカウンタビリティ	有効性・アウトカム・インパクトへ
⑨　法規的（個別的統制）アカウンタビリティ→価値的（全体ガバナンス）アカウンタビリティ	業績・経営・ガバナンス監査へ
⑩　法規準拠的アカウンタビリティ→業績・法規準拠的アカウンタビリティ	業績・法規準拠性監査へ

　国・地方公共団体等の公的機関の公会計・公監査改革の出発点は，国民・市民・納税者に対するパブリックアカウンタビリティ（公的会計・説明責任）の行政府・行政マネジメントすなわち健全な財政運営戦略の履行である。**（図表1-2）**は，公的機関が果たすべき顛末責任から財政規律を含むパブリックアカウンタビリティの履行範囲及びその水準の階層モデルである。国民・市民・納税者に対する立法府や行政府が果たすべき税金・公金についての財政運営責任は，第1段階は，受託した資金の収支の状況を明らかにする顛末責任たる収支会計（説明）責任である。この段階の単純な収支会計責任は，単に収支の顛末を明らかにするのみであり，歳入総額に見合った歳出が行われたことのみを示すも

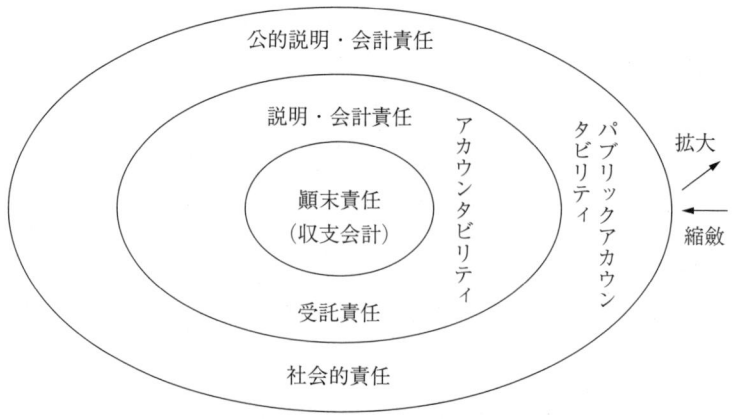

【図表1-2】 パブリック・アカウンタビリティモデル

のである。第2段階は，第1段階が現金主義会計を意味し，収支のみの決算報告を行うこととなるものに対し，会計帳簿によって収入・支出の内訳明細やこれに伴う活動を決算報告として示すものである。ここでは，一般的に発生主義に基づく会計が指向され，財務諸表によって行政活動が開示されることとなる。すなわち原則的には複式簿記によって会計帳簿が組織化されることとなる。いわゆる企業会計のアカウンタビリティと同質である。しかし，公的機関のアカウンタビリティは，この段階にとどまらず第3段階が求められる。理由は，第2段階のアカウンタビリティは，企業会計では利益指標が存在し，すべての経営・財務活動は，最終損益の算定によって業績が示されるからである。一方，公的機関には，業績指標としての純利益は存在せず，特別の業績指標が必要とされる。それ故に，ここにおいてアカウンタビリティには，税金・公金の活用結果・成果の業績（行政成果）指標を達成したかどうかのパブリックアカウンタビリティの概念が必要とされることとなる。公的機関の領域においては，公的会計責任の履行を示す業績尺度として3E（経済性・効率性・有効性）〜5E（公平性・倫理性）またはVFM（支出に対する価値）概念が指標概念として用いられることとなる。また，実際的にはアカウンタビリティからパブリックアカウンタビリティは，拡大と収斂を繰り返しながら拡張しているとみることができる。

第1章 業績（行政成果）公監査の展開の理論

【図表1-3】 国民・市民・納税者へのパブリックアカウンタビリティチェーンの履行

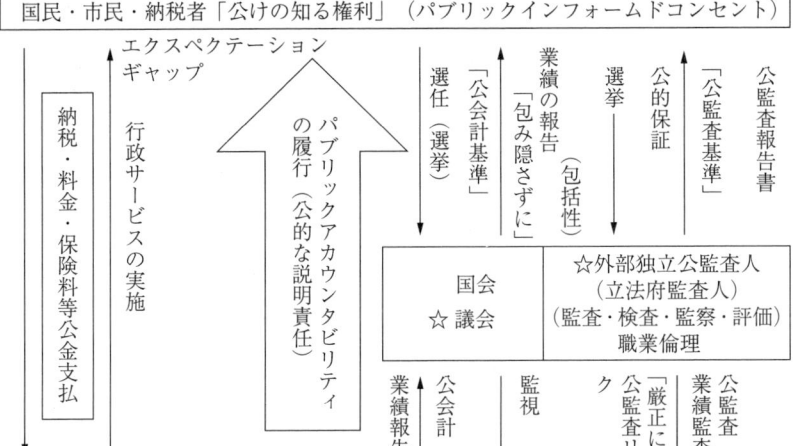

　次にパブリックアカウンタビリティの具体的な履行のモデルの構造（**図表1-3**）を理解することが，公会計・公監査改革の第一歩となる。この場合にまず識別すべきは，国民・市民・納税者に対してパブリックアカウンタビリティを履行する主体を，第一次的には行政府，第二次的には立法府と認識すべきである。行政府は，パブリックアカウンタビリティを履行すべき主体であり，具体的には，公会計基準に基づいて，財務会計，法規準拠性，業績に関する開示を行い，この信頼性を公的に保証させるために行政府に対し公監査が実施される。立法府は，国民・市民の視点から行政府の行政サービス実施の枠組みの設定とその監視を行う機能がある。そこでは効果的な公監査の実施と監視が行われなければならない。

　行政府は，国会や議会の監視のもとで，税金の使途とその業績結果を開示・報告するが，その際に重視しなければならない視点は，「包括的に」，「包み隠さず」，「完全的に」行うということである。これは，企業会計的にみれば，粉飾や逆粉飾決算・開示をしてはならないということである。この準拠すべき基

7

準が，包括的な公会計基準である。ここでは，「会計」という用語が一般的に用いられるが，情報の内容は，財務・非財務情報が包含される。それ故，業績尺度は，法規準拠要件・財務会計要件・業績（行政成果）要件の充足を示すものでなければならないこととなる。☆印は，公監査を履行する機能があるところを示している。

　国民・納税者への「公けの知る権利」に対する開示について「公的に保証」を与えるために公監査による担保が必要である。すなわち，市民・納税者に対する強制的課税と公的負担に対するその必要性・有効性を明らかにするためにパブリックインフォームドコンセント（課税に対する説明責任，PIC）が果たされなければならず，このことは事前評価のパブリックアカウンタビリティを履行することとなり，事前公監査を意味する。業績成果の実績を測定・開示した後の公監査は，事後公監査であり，また，事業継続中の公監査も行われなければならない。この公監査を実施する公監査人は，独立性の強弱によって，外部公監査人と内部公監査人に区分される。外部公監査人のうち最も独立性の高い公監査人は，国民・市民の専門職代理人である立法府によって選任された立法府監査人（legislative auditor）か，あるいは，国民・市民によって直接選挙によって選任された外部公監査人であり，これによって実施され保証が与えられなければならない。この場合の公的保証は，GAAS（一般に公正妥当と認められた監査基準）に基づく保証業務（assurance service）と比較すると広義の保証である。

　国民・市民・納税者の視点での公会計と公監査の位置付けを認識しなければならない。

2　業績管理統制の必要性

　公会計・公監査改革の必要性とその展開方向の要素は，（**図表1-4**）で示すとおりである。一つは，行財政改革と公会計・公監査改革との関係であり，ここでは，新しい行政管理手法であるNPMやPDCAの導入に伴って，特に財政と会計の区分の必要性の認識と，ここから導出される官庁会計から発生主義・

第1章 業績（行政成果）公監査の展開の理論

【図表1-4】 公会計・公監査改革の方向

```
(1) 公会計・公監査と行政・財政との関係
① 官庁会計
   単式（収支）簿記・現金主義―複式簿記・発生主義
② 予算・財政との関係
   財政―財務―管理会計―（財務）会計（開示）基準
   ここには，財政・財務・会計・監査の各機能の統制が求められる。
③ 行財政改革とNPM・PDCAとの関係
   目標管理システムの構築
(2) リスク管理や地方債市場との関係
① 情報開示と信頼性
   ディスクロージャー，包括性，検証可能性，格付
② フロー情報
   歳入（財源）と歳出，コスト情報
③ ストック情報・・・債務償還能力の把握
④ 連結経営
⑤ マネジメント・リスク管理（信用リスク）
```

複式簿記会計システムの構築の必要性である。いま一つは，種々のステークホルダーに対する情報開示，特に連結の業績（行政成果）情報の信頼性の付与であり，このことは国・地方公共団体等の発行する公債の格付に影響する。このため，可能な限りの量と質の業績情報を作成・公表するシステムが構築される必要がある。

ここで開示されるべき法規準拠性，財務会計，業績成果の情報が，正確に作成され，開示されるためには，確固とした管理統制が不可欠であり，この構造モデルが（**図表1-5**）である。国・地方公共団体等の公的機関の統制は，図表のⒶからⒹへと拡大化しつつある。第一段階は，公的機関の統制の原点ともいえるⒶの内部牽制制度である。ここでは主として，収支の会計と法規準拠性の統制が行われる。しかし公会計制度は，財務会計すなわち財務諸表や財務書類の正確・確実な，かつ粉飾・逆粉飾のない作成と開示である。これを統制するのが，企業会計の前提と同質であるⒷ内部（財務）統制である。これは公的機関においては，財務諸表で開示されるマクロの財務業績である。一方，公的部

【図表 1-5】 公的機関の統制範囲の構造モデル

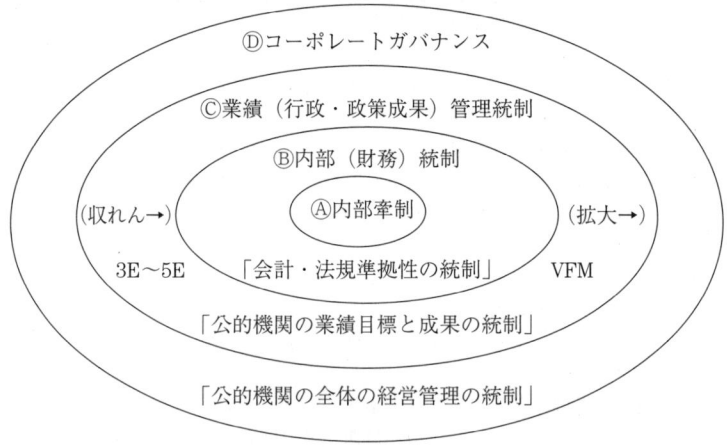

門の業績成果は，行政サービスの結果・成果と投入された税金・公金すなわち努力・コストとの対応によって事業別等ミクロ的に最終的には開示されるべきであり，この段階の統制が©業績管理統制システムである。一般的にここで用いられる業績（行政成果）尺度が，3E（経済性・効率性・有効性）で近年は 5E（公平性・倫理性を付加）や，VFM（支出に対する価値）によって測定・開示される[1]。ここでは，これらの業績が，過不足ない尺度や指標によって正確に測定され，これに基づいた業績報告書（行政成果報告書）が包括的に，正確に，適正に開示されなければならないのであり，ここでリスクを抑止し，これを保証する統制システムが業績管理統制である。近年は，これらⒶⒷⒸを包括する統制としてのⒹ経営管理の統制が求められている。ここでは，公的機関全体の広義の，業績要素の相互に関連した妥当性が求められ，ガバナンスの統制あるいは広義の経営管理の統制の有効性がその指標となる。また，この統制範囲も拡大と収斂を繰り返している。

　以上のような業績成果情報の信頼性を確証するために公監査制度の構築が必要であり，公監査アプローチの類型（**図表 1-6**）が展開されることとなる。(1)

第1章　業績（行政成果）公監査の展開の理論

【図表1-6】　公監査アプローチの類型

(1) 〔公監査アプローチの範囲〕
① 公監査アプローチ
② 公会計監査アプローチ
③ 政府監査アプローチ
(2) 〔政府監査アプローチ〕
① 準拠性監査アプローチ
② 包括監査アプローチ
③ 公的保証機能アプローチ
④ 保証業務機能アプローチ
(3) 〔保証業務機能アプローチ（高位と中位の保証水準による区分）〕
　この類型は公監査人の責任水準を示している。
① 監査アプローチ
② レビュー（検証）アプローチ
③ 直接報告業務アプローチ
④ 合意された手続（AUP）アプローチ
(4) 〔リスクアプローチ〕
① 悉皆監査（精査）アプローチ
② リスクベース（試査）監査アプローチ
③ リスク監査アプローチ
④ 法規準拠性・業績統合監査アプローチ
(5) 〔業績管理統制アプローチ〕
① 内部（財務）統制
② 業績（行政成果）管理統制
③ コーポレートガバナンス（経営管理）統制

は，公監査の範囲を示す類型であり，(2) 公監査機能が包括的目的から公的保証機能へ，そしてさらに，職業専門的公監査人の出現によって企業会計的監査で用いられる保証業務機能へと焦点があてられるアプローチである。(3) は，この保証業務で区別されるアプローチの類型であり，同時に公監査人の任務と責任を規定することとなる。(4) は，監査範囲水準による類型であり，精査から試査への企業会計的監査と同質であり，④は，近年の監査実施の傾向である。(5) は，公監査の前提となる統制構造が，①の内部（財務）統制から②③の統制へと拡張するアプローチであり，特に業績監査の効果的実施のためには，②か③が必須となる。

3　業績リスクの識別の必要性

　地方公共団体の公会計基準の設定には，第一に公的機関に求められる情報開示の内容の特定が必要である。そのためには公会計情報に求める利用者のニーズを識別することが必要である。そしてそのニーズを阻害する要因も同時的に識別しておかなければならない。地方公共団体で業績を測定・開示すべき内容は，究極的には市民・納税者に対して発生するリスク，すなわち公会計リスクであり，公会計・公監査の10目的段階により類型化すると（**図表1-7**）の①～

【図表1-7】　公会計・公監査リスク体系

		リスクの類型区分			主要なリスク例
包括リスクまたは完全リスク	財務リスク	広義の合法性または準拠性ないしは法規準拠性リスク		①狭義の合法性リスク	違法・非合法取引
				②合規性・準拠性リスク	非合規性・非準拠性取引
		正確性または決算リスク		③財務諸表リスク	虚偽記載（粉飾・逆粉飾決算）
				④財務関連リスク	予算・決算虚偽記載
	業績（行政成果・3E〜5E・VFM）リスク	（業績リスクの類型）		（測度の類型）	
		広義の効率性または生産性リスク	⑤経済性リスク	インプット測度分析	高額購入，公共調達・談合リスク，経済性指標の虚偽記載
				アクティビティ測度分析	
			⑥効率性リスク	アウトプット測度分析	低品質購入，公共調達効率性リスク，効率性指標の虚偽記載
				効率性測度分析	
		狭義の有効性リスク	⑦目標達成のリスク	有効性測度分析	アウトプット指標の虚偽記載
		広義の有効性リスク	⑧アウトカムのリスク	アウトカム測度分析	当初目標成果の非達成，短・中・長期アウトカム・インパクト指標の虚偽記載
		政策評価リスク		インパクト測度分析	
				説明測度分析	
			⑨代替案のリスク	代替案決定の条件・プロセスの分析	代替案選択プロセス指標の虚偽記載
			⑩価値判断のリスク	政策の功罪・政治的判断の分析	政策の必要性・価値判断指標の虚偽記載

⑩に区分することができる。そしてこの公会計リスクは，公監査上のリスクでもある。

　①及び②のリスクは，広義の財務リスクに包含されるべき最も初期段階のリスクである狭義の合法性に違反している取引や，合規性・準拠性に違反している取引の仮装・隠蔽行為であり，これは多くは，財務会計上のリスクに連動することが多いが，これらの結果を正確に業績（行政成果）報告をする内容でなければならない。③及び④のリスクは，財務諸表等に基づく虚偽記載のリスクであり，適正または適法表示の如何が問われる内容であり，予算・決算報告の開示等を含むリスクである。これらのリスクに対しては，企業会計と同じように高度の保証の求められる領域である。⑤～⑩が狭義の業績リスクであり，利益指標が原則として存在しない公的機関では，3E～5EまたはVFMの指標を設定してこれを開示し，これに対応して発生するリスク，例えば，指標の虚偽記載を阻止するための業績指標基準の設定と開示プロセスが必要となり，一般に公正妥当と認められた業績報告書を含む公会計基準の設定がなければならない。

　公監査目的は（**図表1-8**）に示すとおり，①の法規準拠性より始まりこれが②～④へと拡大していったものと諸外国では考えられている。わが国においても同様の過程を経るものと思われるが，②～④は一部のみの展開となっており，

【図表1-8】　公監査目的の発展過程

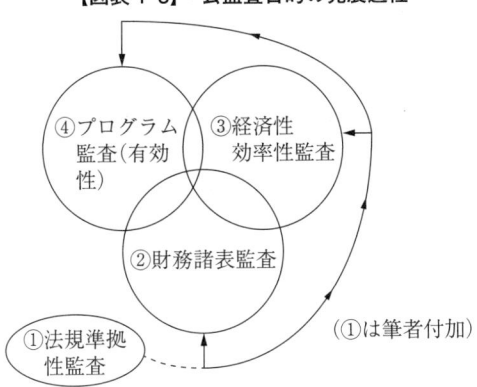

【図表 1-9】 公会計・公監査包括目的の展開 10 段階

政府監査の類型区分				監査判断の基準及び測度			展開
包括監査・完全監査または広義の業績（行政成果）公監査	法規準拠性公監査	広義の合法性または準拠性ないしは法規準拠性監査	①狭義の合法性監査	法規違反行為・不正・濫用の摘発			第1段階
			②合規性・準拠性監査	政策方針及び予算の目的・手続・契約・要件の妥当性・適切性の検証、内部統制とガバナンスの有効性			第2段階
	財務報告公監査	正確性または決算監査	③財務諸表監査	財務諸表の適正性・決算の正確性の検証			第3段階
			④財務関連監査	予算・財務関連事項の正確性・妥当性の検証			第4段階
		（業績監査の類型）	（測度の類型）	（主な測度または指標）	（測度の特質）		
		広義の効率性または生産性監査	⑤経済性監査	インプット測度	インプットコスト, 作業量, サービスニーズと量, プログラムインプット	(1) 目的適合性 (2) 有効性（有用性）(3) 反応性 (4) 経済性（管理可能性）(5) 比較可能性 (6) 明瞭性（理解可能性）(7) 互換性 (8) 接近可能性 (9) 包括性 (10) 精選性 (11) 正確性 (12) 信頼性 (13) ユニーク性 (14) 適時性 (15) 完全性	第5段階
	業績（行政成果・3E〜5E・VFM）公監査			アクティビティ測度	サービス努力, 活動プロセス, 資源の利用プロセス		
			⑥効率性監査	アウトプット測度	提供財・サービスの質, 一定の質のサービス量, アウトプットプロセス		第6段階
				効率性測度	プログラム効率性, ポリシー効率性		
		広義の有効性監査	狭義の有効性監査	⑦目的達成の監査	有効性測度	プログラム有効性, ポリシー有効性, コスト有効性	第7段階
			政策評価監査	⑧アウトカムの監査	アウトカム測度	コストベネフィット, コストアウトカム, サービスの質	第8段階
					インパクト測度	短期的インパクト, 長期的インパクト	
					説明測度	説明・記述情報	
				⑨代替案の監査	代替案決定の条件・プロセスの評価	代替案の提示, 代替コースのレイアウト	第9段階
				⑩価値判断の監査	政策の功罪・政治的判断の評価	政策の根拠, 政策目的の功罪, 政治的意思決定の賢明性, 公平性, 倫理性	第10段階

特に英米の公監査制度の確立と比較すると遅れているのは顕著であり，このことが国民・市民・納税者の期待ギャップの基礎にあることを認識しなければならない。

このようにわが国における公監査制度は，公監査制度構築のための必須要件の検討が不十分のために所期の効果があがっていないのが実状である。そこで公監査を包括的に実施することが公的部門の公監査では求められるが，この包括的監査 (Comprehensive Audit) という用語は，(図表1-9)でも示されているように，公会計・公監査領域では，パブリックアカウンタビリティから導かれる重要な，特徴的な概念であることを識別しておかなければならない。行政府・立法府が市民・納税者に履行しなければならないことは，包み隠さず税金・公金の業績（行政成果）を信頼性ある情報として開示することであり，このことから包括的開示，包括的（完全的）監査と呼ぶゆえんがある。これらの包括性は，公監査領域では，3つの公監査目的に区分され，それは，法規準拠性公監査，財務報告公監査，業績公監査である。

4 地方行政マネジメントと業績（行政成果）公監査

地方公共団体の行政マネジメントは，(図表1-4)で示したように民間企業の経営管理を導入し，業績目標管理とNPMにより，行政の経済性・効率性・有効性を高めようとしている。

(図表1-10)は，アメリカの州政府における完全性を目指す行政マネジメントプロセスのフレームである。ここで示されているのは，筆者が付加した行政府における戦略的なマネジメント領域，業績測定の公会計領域，そして行政評価・業績（行政成果）監査を含む公監査領域の3領域の有機的な連携の必要性である。特にマネジメント領域と公会計領域を結合させる業績管理統制の必要性であり，そしてこの信頼性を保証する業績（行政成果）公監査の構築が，国民・市民・納税者へのパブリックアカウンタビリティの履行の上で不可欠である。

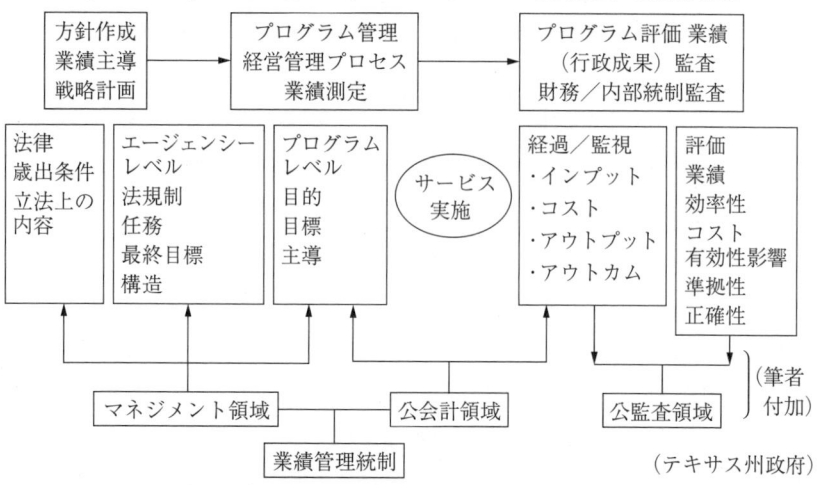

【図表 1-10】 完全な行政マネジメントプロセスと公監査・公会計体系

(テキサス州政府)

　近年，わが国の地方公共団体に財政健全化法により求められる自治体経営は，連結経営であり，そこでは業績管理統制とそのフォローアップが必須である。[4]

　(**図表 1-11**) に示すように，左側のフローが公会計の改革に連がるものであり，同時に財務報告監査領域であり，右側のフローが業績指標の開示であり，同時に業績（行政成果）・法規準拠性公監査領域と業績計画公監査領域も考え方として導入されている。[5]一部分ではあるがパブリックアカウンタビリティから求められる業績管理統制と業績（行政成果）公監査の端緒が開始されたものと考えるべきである。

＊小　　括——今後の展開＊

　以上で明らかなように，国・地方公共団体等の公的機関に求められるパブリックアカウンタビリティチェーンの最終段階は，業績（行政成果）報告書の作成とその監査である。本書では，この業績監査を業績（行政成果）公監査としてこれを導く理論的枠組みと実践の基礎を示したものである。業績（行政成果）公監査の定義は，「国・地方公共団体の業績（行政成果）の報告書の信頼性

第1章 業績(行政成果)公監査の展開の理論

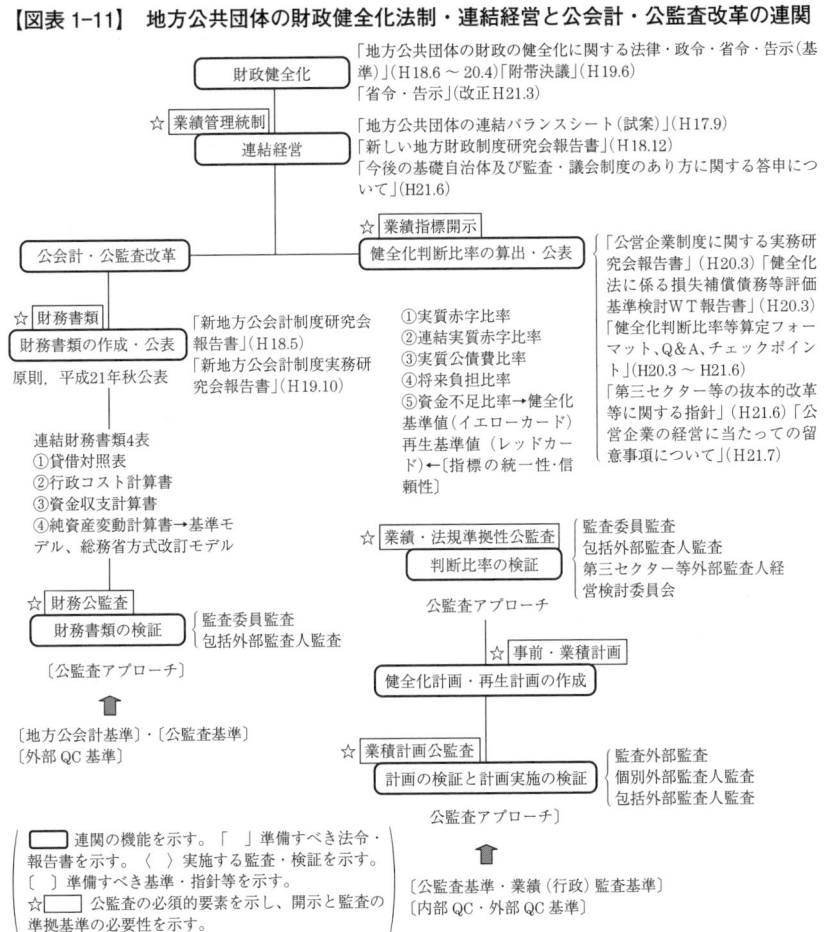

【図表1-11】 地方公共団体の財政健全化法制・連結経営と公会計・公監査改革の連関

について、その利用者である国民・市民・納税者へ付与する保証業務」である。この業績(行政成果)公監査を効果的に実施するためには、整備すべき制度要因とその公監査実施上の留意点を実施手続・報告手続を、業績(行政成果)公監査基準が確立されなければ、公監査人の任務と責任が明確に確立され得ない。以下これらを示すこととする。

【注】
1) ICMA, *Strategic Planning for Local Government, Second Edition*. 2005, May. pp. 27-31.
2) R. J. Freeman and C. D. Shoulders, *Governmental And Non-Profit Accounting Theory and Practice*, 4th edition, Prentice-Hall. 1993, p. 779.
3) The State of Texas, *Guide To Performance Measure Management 2000 Ed*. 2000. Aug. p. 19.
4) ICMA, *Comparative Performance Measurement, FY 2009 DATA REPORT*, 2010, Aug. p. 3
5) 鈴木豊「自治体の会計・監査・連結経営ハンドブック ― 財政健全化法制の完全解説」中央経済社，2008年12月，pp12-13.

【参考文献】
（1） ICMA, *Strategic Planning for Local Government, Second Edition*. 2005, May.
（2） R. J. Freeman and C. D. Shoulders, *Governmental And Non-Profit Accounting Theory and Practice*, 4th edition, Prentice-Hall. 1993.
（3） The State of Texas, *Guide To Performance Measure Management 2000 Ed*. 2000. Aug.
（4） ICMA, *Comparative Performance Measurement, FY 2009 DATA REPORT*, 2010, Aug.
（5） 鈴木豊「自治体の会計・監査・連結経営ハンドブック ― 財政健全化法制の完全解説」中央経済社，2008年12月

（第1章担当　鈴木　豊）

第2章

業績(行政成果)公監査と財務報告公監査・法規準拠性公監査の連関

＊プロローグ＊
1. 公監査基準(GAGAS)と業績(行政成果)公監査基準
2. 公監査基準の「前文」と業績(行政成果)公監査
3. 公監査の一般基準と業績(行政成果)公監査
4. 財務・財務関連公監査基準と業績(行政成果)公監査
5. 法規準拠性公監査基準と業績(行政成果)公監査

＊小　　括＊

＊プロローグ＊

　業績（行政成果）公監査の基準と実施の展開過程を示すには，前章で述べたように公的機関のマネジメント全体の中での公監査の位置付けを明らかにしなければならない。そのことは公監査目的の業績（行政成果）公監査と他の２つの目的，すなわち，財務報告公監査と法規準拠性公監査の関係を識別しておく必要がある。公監査のこの３つの目的は，有機的相互に関連しているものであるからである。

1　公監査基準（GAGAS）と業績（行政成果）公監査基準

　公監査目的は，前章で示したように財務報告公監査，法規準拠性公監査，業績（行政成果）公監査の３つが公監査基準に必須であるが，政府監査領域で公監査基準特に政府監査基準（GAS）として各国及び国際的基準の設定については（図表2-1）のように類型化され，わが国においても，国，地方公共団体等監査の公監査基準の論拠を明確にして構造を確立すべきである。
　（第１類型）は，財務報告・業績（行政成果）公監査の中に法規準拠公監査を包括させる類型であり，（第２類型）は，３つの監査を並列的にする類型であり，（第３類型）は，公的機関はその運営の根拠に法規が存在するのが通例であり，法規準拠性公監査のもとに２つの監査が配置され，（第４類型）は，財務報告公監査は，法規準拠性が基礎にあるものであり，法規準拠性公監査の中に，合規性公監査と財務報告公監査が配置される類型であり，（第５類型）は，企業会計監査すなわち国内GAAS（一般に公正妥当と認められる監査基準）における保証水準の高低による監査目的や監査人の責任に相違が生じる区分を政府監査に準用した区分配置の類型である。ここでいう保証の概念は，公的保証の概念とは異なり，国際監査基準（ISA）で示す保証業務基準が用いられる概念と同質である。それ故に，この場合は，業績（行政成果）公監査目的により高位の保証の監査

第2章　業績（行政成果）公監査と財務報告公監査・法規準拠性公監査の連関

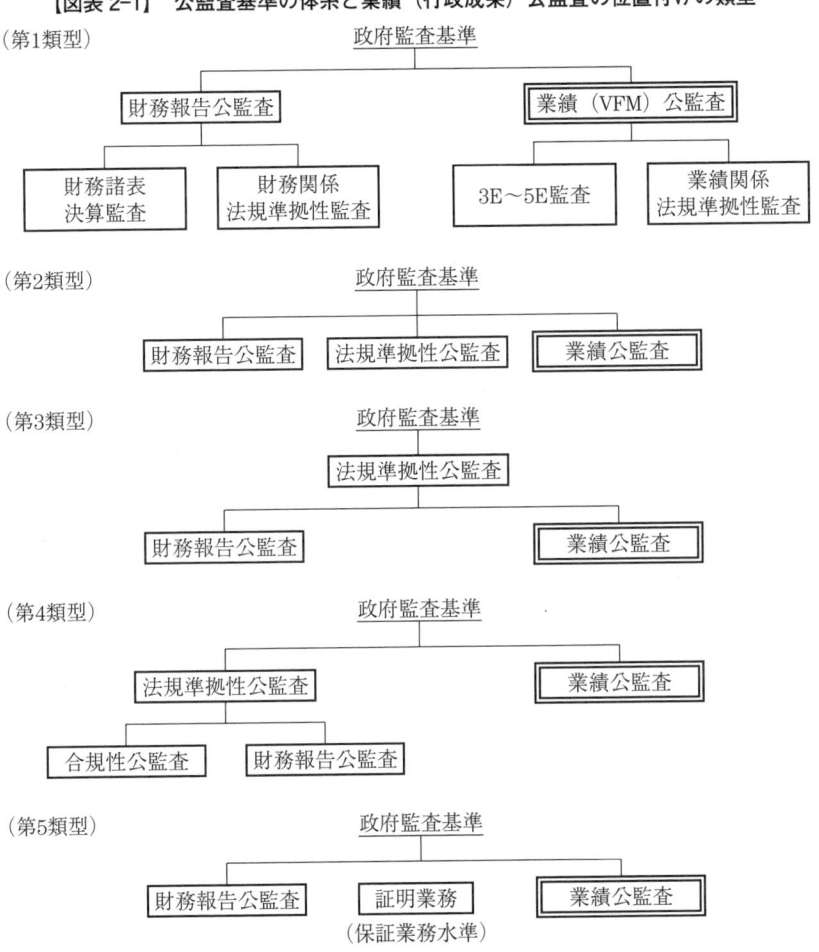

と証明業務基準により中位のレビューになることもあり得る[1]。

　わが国において確定的に設定された公監査基準はないが，公会計基準が設定される場合には，必然的に公監査要求が生ずるのがパブリックアカウンタビリティチェーンの最終過程で必須である。それ故に公監査基準設定の場合の検討ルートは，国内公監査基準と国際公監査基準，国内 GAAS と国際監査基準（ISA）の4つの基準の調整である。これら4つの基準を検討する類型として（図

【図表2-2】 公監査とGAAS・GAGASとの関係（コンバージェンスまたはアドプション）

> ① 国内公監査基準と国内GAASとのコンバージェンス
> ② 国内公監査基準と国際公監査基準とのコンバージェンス
> ③ 国内GAASと国際監査基準（ISA）とのコンバージェンス
> ④ 国際公監査基準（IFAC・INTOSAI）と国際監査基準とのコンバージェンス

表2-2）の①～④の4つの類型が生ずる。

①の類型は，国内公監査基準に国内GAAS基準を全面的に取り入れる類型と基本的に取り入れる類型である。②の類型は，国内公監査基準に国際公監査基準を全面的に取り入れる類型と基本的に取り入れる類型が考えられる。国際公監査基準は，現在のところは，各国の会計検査院の国際的組織である国際最高検査機関（INTOSAI）が従来から政府監査基準を示しているが，これとIFACにおいて連携して検討が進められている段階であり，国際公会計基準と同様の国際公監査基準が設定された場合には，国内公監査基準との調整が必要となる類型である。③の類型は，国内GAASとIFACのIAASB（国際監査・保証基準審議会）の国際監査・保証基準（ISA）とのコンバージェンスやアドプションが進行しており，この結果としてISAとの調整が必要となる類型である。④の類型は，国際公監査基準が，ISAとの調整が必要となる類型であり[2]，これは，②の動向によって展開に影響される。わが国においても，公的機関について個別的な公会計基準とともに，公監査が行われつつあるが，この監査は，現状では，内部か外部監査かの独立性の不明確性や準拠すべき公監査基準が確立されておらず，国内公会計基準の第一段階の一般に公正妥当と認められる公会計基準として統一化と同じく，国内公監査基準の第一段階の一般に公正妥当と認められる公監査基準及び政府公監査基準（GAGAS）とし統一化のための基礎的検討が必要である。

以上の両図表から明らかなように，国民・市民・納税者のための公監査の最終目的は，業績（行政成果）公監査の履行であり，確実な公的保証と高位の保証水準による履行のためには，業績（行政成果）公監査基準の公監査基準体系

の中の位置付けの確立が必須である。

2 公監査基準の「前文」と業績（行政成果）公監査

　公監査基準に配置される前文の位置付けは，設定当初の GAAS と同様に啓蒙的要素もあるが，むしろパブリックアカウンタビリティの拡張による公監査領域と機能の明確化のために重要である。
　そのため通例は，以下のような項目が説明される。
　①政府監査基準設定の目的，②基準の適用範囲，③パブリックアカウンタビリティの内容，④基本的前提として監査目的やアカウンタビリティ及び二重責任の説明，⑤政府監査人の性質や独立性の確保，⑥公監査（public audit）のモデルやフレームワーク，⑦財務報告公監査及び業績または VFM 公監査の目的，⑧監査対象範囲の限定，⑨内部統制，⑩公監査人の被監査機関の利害の衝突の阻止，⑪監査証拠及び資料へのアクセスの自由，⑫基準の公表。
　以上のように，特に，③と⑦は業績（行政成果）公監査と密接に関連するものであり，GAGAS の利用者に業績（行政成果）公監査の必要性の根拠を明示しなければならない。

3 公監査の一般基準と業績（行政成果）公監査

　公監査の一般基準は，公監査人の独立性・正当な注意・品質管理（QC）の基準であり，構成は GAAS と同一であるが，GAGAS では比較すると厳格性は強いものである。

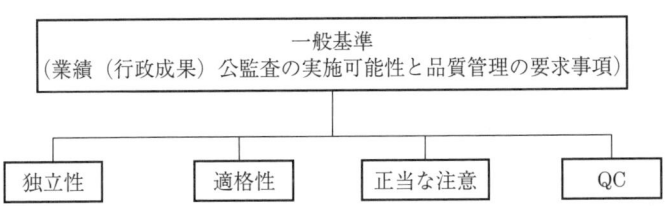

(1) 独立性の基準

公監査の監査主体，立法府監査人として厳格な独立性が求められる。

(2) 職業専門的判断，正当な注意の基準

厳格な正当な注意と職業専門的懐疑心の保持が求められ，公監査目的及び保証水準の相違により異なる。

(3) 品質管理の基準

外部 QC の構築と対象となる品質の指標を厳密に定義しなければならない。

(4) 一般基準の特質

① 独立性の基準については，事実的・外観的独立性，個人的欠陥，外部的欠陥及び組織的欠陥を，職業専門的判断の基準については，懐疑主義を，適格性の基準については知識，技能，経験，継続的専門教育を，品質管理基準については，外部ピアレビューについて規定される。
② 監査機関は，セーフガードに準拠した場合に限って非公監査業務を行うことができる。
③ 独立性を維持するために品質管理システムを完備しなければならない。
④ 職業専門的判断は懐疑主義の実施を要請し，追究的精神と批判的評定を含むものである。
⑤ 公監査人の適格性としては，技術的知識・スキル・経験を集合的に保持していることを求めている。
⑥ 継続的専門教育（CPE）が必要とされる。
⑦ 品質管理については，監査機関は，内部品質管理システムと外部ピアレビューを受けなければならない。

以上のように，特に業績（行政成果）公監査では，独立性，正当な注意及び QC の厳格性が求められている。

4 財務報告・財務関連公監査基準と業績(行政成果)公監査

公監査の財務的領域は,財務諸表及び財務書類(財務関連)公監査であり,求められる基準は下記のとおりである。

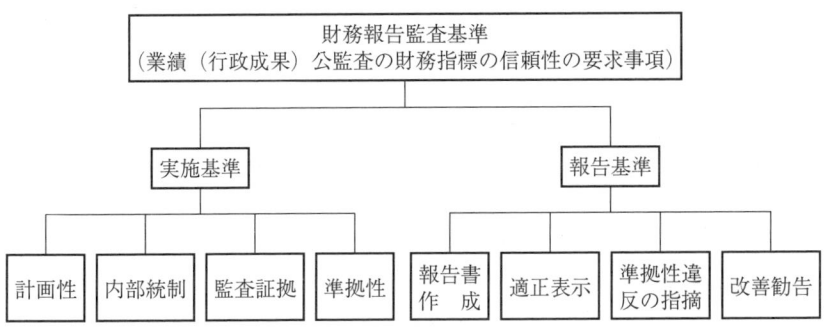

(1) 実 施 基 準

① 営利組織監査の準拠基準

財務諸表公監査については,営利組織の会計または財務諸表監査基準(GAAS)の援用を示す基準が最初に基準化される。

② 監査目的の基準

財務諸表公監査の目的は,政府の受託責任の解除目的であること,そしてGAAP準拠性または真実公正な概観(true and fair view)及び関連の法規に対する合理的な保証を与えること,重要な虚偽記載や法規準拠性違反がないことを検証することが規定される。GAASとは法規準拠性の重点の置き方に異質性がある。

③ 公会計基準の準拠性基準

政府・自治体を包含するパブリックセクターの会計基準すなわち公会計基準の構築化が各国で進められており,また,国際的基準も設定されつつあるので,これらと国内準拠法規との整合性を求める基準,ゴーイング・コンサーン基準,

連結報告書基準，各政府諸機関をコストセンターとする基準，公会計基準としてのGAAPに準拠し，発生主義を目指す基準が規定される傾向が強くなっている。また，利害関係者に財務的影響を与える可能性が大であり，それ故にGC基準は規定されるべきとされる。

④ **計画性の基準**

監査の効率性や効果性を目指して監査の計画設定を求める基準である。

⑤ **不正・違法・非準拠性の基準**

政府・自治体に対する監査では，GAASと相違して法規準拠性の監査が重視される。財務報告監査においてこれら虚偽記載に対する監査上の認識を強調する基準が規定化される。しかし，法規準拠性公監査基準において独立して基準化される場合もある。

⑥ **内部統制の基準**

内部統制の十分な理解を監査人が求める基準であり，監査計画，実施するテストの性質・タイミング・範囲が決定される。法規準拠性公監査基準で設定される場合もある。

⑦ **リスクアプローチの基準**

政府・自治体の財務報告公監査も営利組織監査と同様にリスクアプローチをとる。したがって，重要性とリスク評価の基準が設定される。後述の法規準拠性監査基準で設定される場合もある。また，重要性の水準は，営利組織監査のGAASにおける水準より低い点に位置するとされ異質性がある。

⑧ **監査調書の基準**

公監査人の合理的な監査実施を立証するため，すなわち品質管理と監査結果の意見の基礎となる十分な情報の保持のために監査調書の基準が設定される。

⑨ **品質管理の基準**

営利組織監査と同様に監査の品質管理（QC）の基準が必要とされる。また，政府監査の場合には，監督及び規制機関からの監視（モニタリング）や監察（inspection）という外部QCシステムが設定される点にGAASとの異質性がある。なお，品質管理基準を一般基準に設定する場合もある。

⑩ 財務関連公監査基準

財務関連監査は，財務情報に関連した情報や補助金及びコンピュータシステムに関連した監査であり，証明基準や合意された手続（agreed-upon procedures）に関する基準が規定されるところに営利組織監査と異質性がある。

(2) 報告基準

① コミュニケーションの基準

政府監査は，営利組織の財務諸表監査とは同質性もあるが異質性もあり，範囲にも異質性があるので監査の開始から終結まで公監査人と被監査機関とのコミュニケーションが必要と考えられている。特に，被監査機関の責任と公監査人の責任の区分すなわち二重責任の原則を重視することであり，また，公監査目的や手続及び報告の周知の要求が強いところにGAASとの異質性が見出される。

② 監査基準（GAAS）準拠の基準

特に財務諸表公監査では，一般に認められた監査基準（GAAS）に準拠した意見の表明が基本であることが確認される基準が設定される。

③ 内部統制と法規準拠性の基準

財務報告公監査に関連した内部統制に関する意見及び法規準拠性についての意見が文書によって提示しなければならない。内部統制組織と内部統制リスクの評価についての意見も含められなければならない。また，重要な欠陥や非準拠性，不正行為も報告されなければならない。

④ 監査意見の基準

財務報告公監査における意見は，財務諸表に対する適正性意見または真実公正なる概観をもって表示されているか，すべての重要性の点において，及び職業的監査基準（GAAS）によって述べられる。

⑤ 財務関連公監査の意見基準

財務関連公監査の手続が証明業務基準か合意された手続により，保証水準の相違した意見及び報告がなされることが明記され，GAASとは異なる。

⑥ **特別許可及び極秘情報の基準**

監査意見及び報告書が，その内容や様式が特定される場合があり，そのような場合は，その要請や規定に準拠してなされなければならない。これはGAASとは異なる。

⑦ **監査報告書配布基準**

監査報告書は，政府監査の場合は，その提出先や配布先が特定されている場合が多いので，これらの規定に従ってなされなければならない。

財務報告公監査領域は業績（行政成果）公監査対象である業績（行政成果）公監査報告では，財務情報が密接に関係する。すなわち業績（行政成果）の指標は，最も必要とされるのは，金額的指標やコスト情報的指標である。それ故，その信頼性は，業績（行政成果）公監査の信頼性に直結する。業績（行政成果）公監

【図表2-3】 GC監査の留意点と業績（行政成果）公監査目的との関連事項

① 継続的な資金残高，純資産の欠損及び年度経営の欠損の症状の発生
② 不確実性ではなく，発生済みで，報告されていない巨額に見積もられる負債の存在
③ 経済的実行可能性に不相応な建設及び同様の長期プロジェクトに関する加速度的なコストの発生
④ 減少する人口及び縮小する収入とが結合し耐えがたい負担となるおそれの年金プラン負債
⑤ 納税者の異議申立，管轄地域からの大量の納税者の転出の結果としての潜在的な多額の税金の還付
⑥ 下落する課税ベース
⑦ 現在の水準で資金プログラムを継続することへの高齢者の不賛成
⑧ 巨額の投資損失の可能性
⑨ 債券の利子が投資グレード以下の低下
⑩ 地震，洪水，大火のような大災害の発生
⑪ 法的限界またはそれに近い税率
⑫ 現金不足を解消するための過度の短期の借り入れ
⑬ 負債を削減するためまたは，現在の運営ニーズに合せる長期の借り入れ
⑭ 政府が法的あるいは道徳的に助成または財務的支持の責任を有するかどうかの事実
⑮ 債務不履行の見込み，ペンションコストやその他の債務に支払能力無の状況

査と密接に関係する基準は (1) ②, ③, ⑦ (2) ①, ③である。特に (1) ③ のゴーイング・コンサーンの基準は, 財務状況, 将来状況を含むものであり, アメリカ州地方政府の財務報告監査における GC の留意点を示すと (**図表 2–3**) のとおりであり, 密接に業績 (行政成果) 公監査と関係するものである。特に業績 (行政成果) 公監査領域と関連するものは①, ③, ⑥, ⑧, ⑭, ⑮である。[3]

5 法規準拠性公監査基準と業績 (行政成果) 公監査

公監査においては, 法規準拠性公監査は, 第一義的な基礎にある基準であり, 構成内容は下記のとおりである。

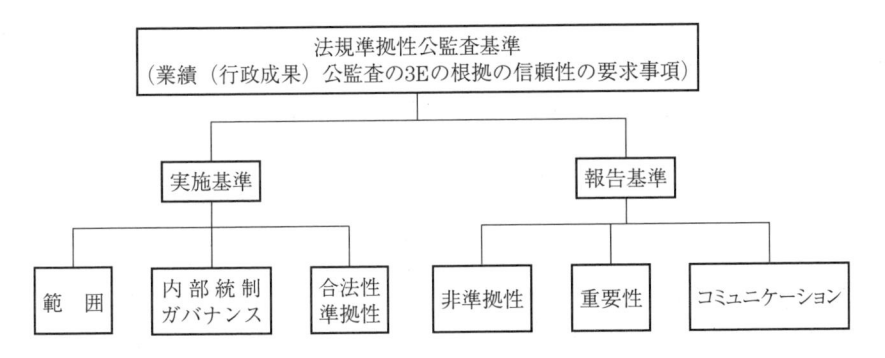

```
           法規準拠性公監査基準
  (業績 (行政成果) 公監査の3Eの根拠の信頼性の要求事項)
         │                      │
      実施基準                報告基準
    ┌────┼────┐         ┌────┼────┐
   範囲  内部統制  合法性    非準拠性 重要性 コミュニ
        ガバナンス 準拠性                  ケーション
```

(1) 実 施 基 準

① 準拠性の範囲基準

監査対象たる準拠すべき法規またはオーソリティ (authorities) の範囲を明定しておく必要があり, 監査対象の根拠法には法律, 規制, 規程, 議会の命令・指令, 市議会の規則等が該当する。また, 補助金交付の要件や契約条件等も対象となる。それ故, 公監査人の責任の範囲を限定する意味からも, 対象準拠法規を監査のガイドラインやコード (基準) で示している場合が多い。法規準拠性公監査は GAAS とは異質な領域である。

② 重要性の基準

法規準拠性公監査の場合にも財務報告公監査の場合と同様に「すべての重要な点において」という用語が用いられるが，政府監査では重要性の判断水準は前述と同様に GAAS と比較して低いと考えられている。

③ コーポレートガバナンスの基準

取引の合法性，財務状況，内部財務統制，不正及び濫用の摘発と防止の財務管理の全体をコーポレートガバナンスとして捉え，法規準拠性公監査領域とする場合がある。

④ 財務取引の合法性の基準

異常なまたは合法性に疑いのある取引，新しい方法または法規要件に関する監査，国家的問題に関連して地方にも適用して，合法規性の検証を実施することを求める等の基準であり GAAS とは異質である。

⑤ 財務実施及び不正・濫用の摘発・防止基準

財務実施と不正及び濫用の摘発と防止は，コーポレートガバナンスの適切なモニタリング，組織を横断する諸基準の統合化，実施基準の監視と公表，法規準拠性の公表と監視，不正・濫用の摘発・防止のための戦略的手続の開発，違反事項の申立てのレビューや調査を行う。しかし，不正及び濫用についての一定の規準を提示したり摘発することは公監査人の機能ではなく，むしろ警報を発することでなければならないとされる。また，迅速にフォローアップしなければならないことも公監査人の責任である。これらの観点は GAAS とは異質である。

⑥ 財務状況の基準

コーポレートガバナンスに関する監査を法規準拠性公監査で捉える場合には，法規には財務上の要件や目標，関連する基準やガイドライン，財務的モニタリング及び報告要件や残高や留保額，財務上の将来方針，予測できる将来の認められた展開に関して公監査人は，財務業績・認められた法規の合致の可能性，認められた将来の予測に対するレスポンスを監査する責任がある。これは，営利組織監査におけるゴーイング・コンサーン問題や業績（行政成果）公監査に

かかわる領域であり，現行の GAAS とは異質な領域である。

⑦ 内部統制の基準

内部統制を準拠性公監査で捉える場合には，全体的な統制環境，内部監査，オペレーショナル及び財務的なリスクの検証や評価，予算上の統制及びモニタリング活動，統制手続の文書化が監査対象となる。政府・自治体公監査では内部統制を経営管理統制または財務統制と考え，広義の性質で考える点においては GAAS とは異質である。

⑧ 追加的手続の基準

監査人は，非準拠性やその疑いを確認あるいはこれを晴らすために追加的な証拠を必要とし，追加的手続，たとえば，「レビュー」や「同意された手続」を実施し，これは GAAS とは異質である。

(2) 報 告 基 準

① 意見表明の基準

法規準拠性の意見を表明する場合の内容は，監査範囲について対象エンティティまたは機関・根拠法，GAAS の準拠性，そして，すべての重要性の点において法規準拠性の意見及び限定事項の説明がなされなければならない。この法規準拠性の意見には，根拠法規及び議会の支出意図や設定された目的が含まれる。

② 非準拠性報告の基準

監査報告書には非準拠の事項を報告しなければならない。その内容は，非準拠の状況として監査実施命令の要請の準拠，報告された部局の確認，公監査アプローチの記載及び GAAS への準拠性である。立法府監査人や連邦・州・市の監査人は非準拠性を報告することが命令によって要求される。それは年次報告書において，または監査要件の態様によって異なっており，また，各省ごとに行われる場合もある。これは GAAS とは異質な領域と考えられる。

③ 報告書形式の基準

法規準拠性公監査は，求められる保証水準によって意見表明または結果報告

の形式となり，あるいは財務報告公監査報告書の一部として作成される場合と独立に法規準拠性報告書として，すなわちレビューまたは同意された手続の報告書として作成されるところがGAASとは異質である。

④ **重要性の水準**

法規準拠性の検証における意見表明の重要性の判断基準は，③と同様に求められる保証水準によって相違することがあるところにGAASとの異質性がある。

⑤ **コミュニケーションの基準**

公監査人は，特に立法府とは全監査過程においてコミュニケーションを密にしなければならないとされる基準である。

⑥ **コーポレートガバナンスの報告基準**

監査業務の範囲，性質及び程度，意見または結論について①②と同様に述べなければならない。

⑦ **公監査人の特別の権利と義務の基準**

パブリックに対する公監査人の責任として，この報告はパブリックの権利及び申立てへの反応に対する適切な機会となり，また，不法支出や収入を超える支出のような欠損や欠陥について，特別な議論をしなければならないとされる基準でGAASとは異質である。

⑧ **市民の関心に対する特別報告の基準**

公監査人は，即時的な報告書を作成する場合もあるが，賢明性（wisdom）に対するような意見表明は公監査人の機能ではないとされる。

次章で述べる業績（行政成果）公監査の過程で示すように，また，**(図表2-1)** に示す公監査基準の体系図からも明らかなように，業績（行政成果）公監査の第一段階は法規準拠性公監査である。業績（行政成果）公監査と関連する法規準拠性公監査基準は (1) ①，③，⑥，(2) ①，⑥である。[4]

第 2 章　業績（行政成果）公監査と財務報告公監査・法規準拠性公監査の連関

＊小　　括＊

　本章では，業績（行政成果）公監査の前段階すなわち，業績（行政成果）公監査実施に当たっての前提を述べたものである。しかし，これらの前提がなければ業績（行政成果）公監査が効果的に実施され得ない。それ故，この前段階で業績（行政成果）公監査の構築を行うための識別すべき論点を示すと下記のとおりである。[5]

(1)　公監査の 3 つの目的と公監査基準の体系との相互関連を識別すべきこと。
(2)　公監査基準は，GAGAS として設定されなければならないこと。
(3)　業績（行政成果）公監査基準の前文と一般基準，特に公監査人に求められる要件を識別すべきこと。
(4)　業績（行政成果）公監査で喫緊の課題はフルコスト計算であり，これらを包含した財務・財務関連公監査基準を識別すべきこと。
(5)　公監査の前提条件である法規準拠性公監査は，業績（行政成果）公監査の実施の前提であり，特に法規の支出意図の認識が最も重要である。業績（行政成果）公監査実施の前提として，GAAS とは異質の法規準拠性公監査基準を識別しなければならない。

【注】
1)　GAO, *Government Auditing Standards, 2011 Internet Version*, 2011. Aug, pp. 9–14.
2)　IFAC, *Handbook of International Standards on Auditing and Quality Control*, 2009 *Edition*, pp. 63–764
3)　AICPA, *Audit & Accounting Guide, State and Local Governments*, 2010. March, pp. 342–343.
4)　MA. Dittenhofer, *Applying Government Auditing Standards*, 2002, S7A.03.
5)　鈴木豊「地方公共団体の公会計・公監査改革の論点」地方財務協会『地方財政』，2011. 5. pp. 4–16.

【参考文献】
（1） 鈴木豊「地方公共団体の公会計・公監査改革の論点」地方財務協会『地方財政』,2011. 5.
（2） GAO, *Government Auditing Standards, 2011 Internet Version*, 2011. Aug.
（3） IFAC, *Handbook of International Standards on Auditing and Quality Control, 2009 Edition*.
（4） AICPA, *Audit & Accounting Guide, State and Local Governments*, 2010. March.
（5） MA. Dittenhofer, *Applying Government Auditing Standards*, 2002, S7A. 03.

（第2章担当　鈴木　豊）

第3章

業績（行政成果）公監査の基準と実施過程

＊プロローグ＊
1. 業績（行政成果）公監査基準の体系
2. 業績（行政成果）公監査実施基準
3. 業績（行政成果）公監査報告基準
4. 法規準拠性公監査プロセス
5. 業績（行政成果）公監査プロセス
＊小　　括＊

プロローグ

　本章では，具体的な業績（行政成果）公監査過程を「公監査プロセス」における「QC（品質管理）」上の留意点を各段階（ステージ）に区分し，QCチェックに必須の項目を示す方法で提示する。そして述べた業績にかかわる法規準拠性公監査プロセスも合わせて提示する。それは，前章で明らかにしたように，業務公監査の目標の業績は，公会計においては法令において規定されているものであり，この業績達成の実施過程の法規準拠性を検証しなければならないからである。

1　業績（行政成果）公監査基準の体系

　業績（行政成果）公監査の実施過程を検討する場合には，まずそこで求められる業績（行政成果）公監査の基準の体系の基礎を識別しなければならない。すなわち，第一に検討すべきは，業績（行政成果）公監査と政策（行政）評価との相互関係である。結論的に述べれば，政策（行政）評価はGAO基準で示されるように（**図表3-1**）のとおり，政策（行政）評価は，業績（行政成果）公監査の重要な手段あるいは段階として包含される。

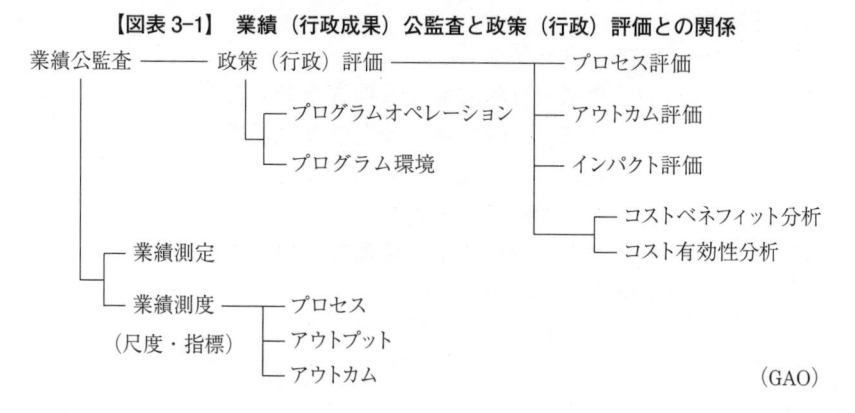

【図表3-1】　業績（行政成果）公監査と政策（行政）評価との関係

```
業績公監査 ── 政策（行政）評価 ──┬─ プロセス評価
                              │
                              ├─ プログラムオペレーション ── アウトカム評価
                              │
                              └─ プログラム環境 ── インパクト評価
                                                 
                                               ┌─ コストベネフィット分析
                                               └─ コスト有効性分析

          ┌─ 業績測定
          │
          └─ 業績測度 ──┬─ プロセス
             （尺度・指標）├─ アウトプット
                        └─ アウトカム
                                                        （GAO）
```

第3章　業績（行政成果）公監査の基準と実施過程

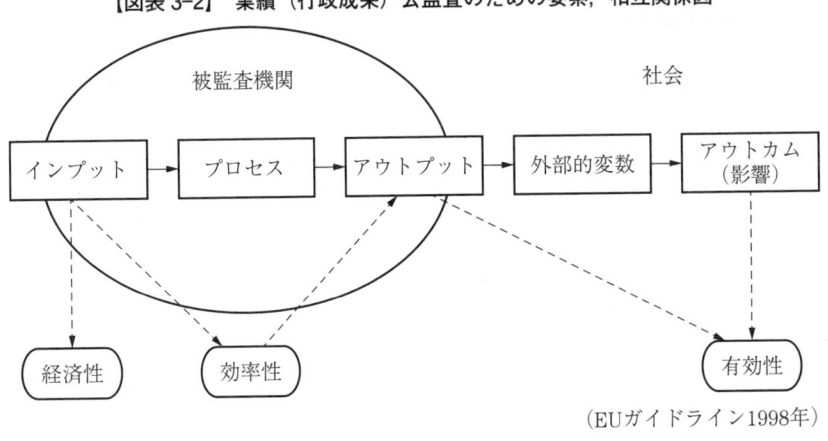

【図表3-2】　業績（行政成果）公監査のための要素，相互関係図

被監査機関　　　　　　　社会

インプット → プロセス → アウトプット → 外部的変数 → アウトカム（影響）

経済性　　効率性　　　　　　　　　　　　　有効性

（EUガイドライン1998年）

　また，これら業績が生み出されるプロセスについて，EUガイドラインを参考に示すと（図表3-2）のとおりとなる。

　これらから導かれる業績（行政成果）公監査の主な基準の体系図は次のとおりである。[2]

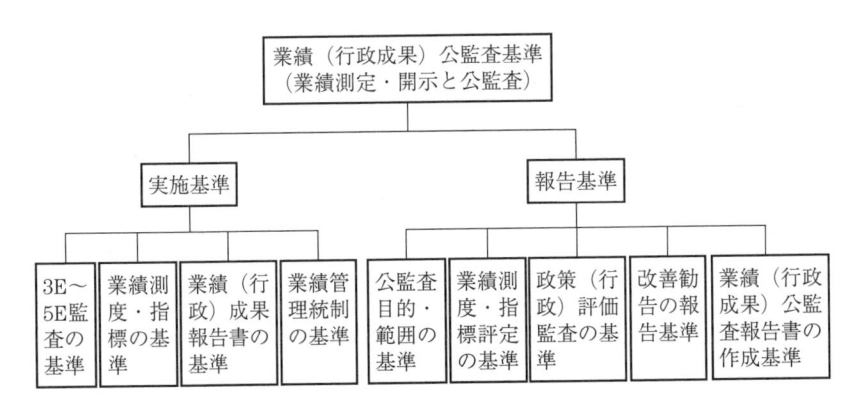

業績（行政成果）公監査基準
（業績測定・開示と公監査）

実施基準
- 3E～5E監査の基準
- 業績測度・指標の基準
- 業績（行政）成果報告書の基準
- 業績管理統制の基準

報告基準
- 公監査目的・範囲の基準
- 業績測度・指標評定の基準
- 政策（行政）評価監査の基準
- 改善勧告の報告基準
- 業績（行政成果）公監査報告書の作成基準

②　業績（行政成果）公監査実施基準

　業績（行政成果）公監査の実施基準を示すと次のとおりである。[3]

(1) 監査計画性の基準

業績（行政成果）公監査は，政策評価を包含する範囲の広い複合的な領域を持つ監査であり，適切に監査の実施過程が計画され，厳密に適用されなければならない。それゆえ，計画には，公監査目的の確立，監査範囲の決定，認定された判定規準の適合性の評定，目的達成のための一定の監査手続の決定が包含されていなければならない。監査計画では，業績（行政成果）公監査報告書の利用者を識別し，重要性を考慮し修正と更新性を持ったものでなければならない。また，監査実施にはチームの組織とスタッフが必要であり，その監督も適切になされなければならない。なお，計画に先立って予備調査（preliminary studies）を実施し，この報告書に基づいて監査範囲や目的が決定されなければならない。

(2) 3E～5E 監査の基準

業績（行政成果）公監査は，3E～5E 監査または VFM 監査ともいわれ政府支出による行政サービスの継続的な質を改善するために資源の利用について経済性，効率性，有効性，公平性及び倫理性の 3E～5E の観点で監査及び評価を行う。したがって，監査人は 3E～5E の意味を理解し合理的な保証（reasonable assurance）を与えなければならない。また，監査人は，政府・自治体の行った政策を議論する機能はないとされる場合でも，政策決定がなされた過程について検証し，政策の結果を検討しなければならない。それ故，VFM 監査には戦略プランが必要とされる。この基準は GAAS の監査対象とはまったくの異質の領域である。3E～5E と VFM の概念の関係は（**図表 3-3，4**）のとおりである。

以上に示すように 3E～5E または VFM 概念は相対的概念とも考えられるが，パブリックアカウンタビリティの履行の判断指標としてその適合性も識別されなければならない。

第3章　業績（行政成果）公監査の基準と実施過程

【図表 3-3】　3E～5E と VFM の概念の要素

概念の要素
- 3E……① economy（経済性）
  - ② efficiency（効率性）
  - ③ effectiveness（有効性）
- 4E……④ equity（公平・公正性）または environment（環境）
- 5E……⑤ ethics（倫理性）
- VFM…value＝prudence（賢明性），due diligence（相当の注意），regularity or compliance（合規性・準拠性），probity（誠実性），integrity（健全性），equity（公平性）

【図表 3-4】　3E～5E の指標の要素

(1) ① 経済性＝最少のコストで適切な質と量の資源を調達
② 効率性＝最少のコストまたは最少の資源の input で最大の output
③ 有効性＝目的志向，意図されたもの，意図されていないもの
④ 衡平性＝サービスの公平性，不偏性，平等性（公平性・倫理性）
(2) ① 努力（input）指標
　　単位当たりの財務・非財務資源量
② output 指標
　　結果として提供されたサービスの物量，特定の質的要件の充たされた物量（outcome も）
③ outcome 指標
　　提供されたサービスから生じた成果（outcome も含む。）
④ 努力とアウトプットとの効率性（コスト効率性）
　　アウトプット単位当たり資源またはコスト
⑤ 努力とアウトカムまたは結果との関連（コスト有効性）
　　アウトカムの単位当たりのコスト，提供されたサービスの価値の評価

(3) 業績測度・指標の基準

　業績（行政成果）公監査の実施には（**図表 3-5**）のように業績測度または指標が不可欠であり，これらの測度等が明瞭に確立していることが必要である。公監査人は第1にこの測度等の妥当性または適切性を評価しなければならない。一般に認められた測度等という性質を持つものは存在せず，各政府・自治体において前述の測度の特質を備えた妥当な測度を開発し設定しなければならない。

39

【図表 3-5】 測度または指標の定義

① インプット測度（input measure）
　提供される財またはサービスを造出するために用いられた貨幣的または非貨幣的資源であり，これは「インプット・コスト」，「作業量」，「サービスニーズと量」，「プログラムインプット」及び「インプット説明」として示される。

② アクティビティ測度（activity measure）
　サービスを提供するための貨幣的・非貨幣的資源を用いる活動やプロセスのステップを示すものであり，「活動プロセス」，「サービス努力」，「資源の利用プロセス」，「サービス遂行」として示される。インプット測度または作業量に包含される場合もある。

③ アウトプット測度（output measure）
　エージェンシーまたはプログラムによって提供されるサービスから結果として造出されたユニットの数量として測定され，「提供財・サービスの量」，「一定の質のサービス量」，「提供財・サービスの質」，「アウトプットプロセス」，「即時的アウトプット」，「最終的アウトプット」として示される。

④ 効率性測度（efficiency measure）
　単位当たりアウトプットのコストまたは他の資源量や時間当たりの比率で示され，「生産性（productivity）の数量的指標であり，「プログラム効率性」，「ポリシー効率性」，「コスト効率性」として示される。

⑤ 有効性測度（effectiveness measure）
　コスト有効性（cost-effectiveness）測度とも呼ばれ，アウトカム（成果）単位当たりコストで測定されるもので，「プログラム有効性」，「ポリシー有効性」として示され，測定の困難性を伴うが最も重要な測度とされる。これは立法府が，近年コストと達成成果にモニタリングの焦点を合わせているからであり，また，有効性の範囲も，組織的（organizational），活動的（operational）及びプログラム（program）へと拡大している。

⑥ アウトカム測度（outcome measure）
　サービスが目標や目的を達成した程度や成果を測定するもので，即時的または長期的成果として測定される指標である。「アウトカム（成果）」，「コストアウトカム」，「コストベネフィット」として代替的に用いられる。また，ベンチマーキング（benchmarking）やベストプラクティス（best practice）も比較基準として用いられる。

⑦ インパクト測度（impact measure）
　政策評価監査において結果及び成果と切り離して影響度を測定するもので広義の短・中・長期的アウトカム測度で説明されることもある。

⑧ 説明測度（explanatory measure）
　業績への影響及び成果の諸要因の説明情報としての性質をもつものである。

これらの測度や指標は通常，立法府による政策方針声明書，グッドプラクティス規準，政策統計及び他の類似エンティティの実績データ，他のVFM監査の結果等から導き出される。公監査人はこれら測度等が適切でないと判断した場合は，他の代替的測度を選択すべきであるが，適切な測度が検証できない場合は監査実施を断念し，報告書において監査範囲の制限による限定意見を表明しなければならない。監査判断の測度が営利組織監査では利益であるが，政府・自治体監査では異質の業績測度または指標が用いられる。

(4) 業績（政策評価）報告書作成の基準

政府・自治体において第1に財政年度の開始する前の予算決定時に，業績計画または目標プランが作成され，公監査人によって事前に測度等の監査を，原則的には事前監査として受ける必要がある。次に，年度決算時には業績（行政成果）報告書が作成され公表されなければならない。公監査人は，業績（行政成果）報告書を作成するための情報の収集・記録・公表に至るプロセスを検証しなければならない。これは行政管理者の文書による言明または主張に対して3E〜5Eの観点及び法規準拠性に関する保証を与えることを意味する。言明または主張に対する監査である点ではGAASと共通性があるが，言明の内容と様式は異質となる。業績（行政成果）公監査で用いられる業績（政策）評価の内容は（図表3-6）のとおりである。

(5) 法規準拠性の基準

業績（行政成果）公監査に関する法規及びガイダンス（測度・指標基準）をもとに準拠性公監査を実施しなければならない。政府・自治体公監査においては政府・自治体のパブリックアカウンタビリティの解除プロセスは根拠法規に規定されているのが原則であり，業績計画プランから業績報告及びフォローアップまでの全過程においてそれらの要件についての法規準拠性公監査が実施される。また，公監査目的に影響を与える重要な不正・違法・準拠性違反を摘発あるいは防止しなければならない。また，公監査人は，指摘し得る状況あるいは

【図表 3-6】業績（行政成果）公監査で用いられる業績（政策）評価の内容

```
(1) ① 業績測定…プログラム達成の継続的な監視と評価，目標への過程，管理者
            への早期警報システム，市民へのアカウンタビリティ改善の伝
            達物を意味する。
    ② プログラム評価…プログラムが良好に作動しているか，measuresで検証，
            代替的プログラムの有効性の比較を行う。
(2) ① プロセス（履行）評価…意図が機能しているかの過程の評価手続
    ② アウトカム評価…アウトカム指向の目的達成度の評価手続
      影響評価…プログラムが無い場合の正味の影響評価（アウトカム評価の一つ）
            プログラムの貢献度の分離を行う。
    ③ コストベネフィット分析…金額表示のすべての関連コストと便益を検証手続
    ④ コスト有効性分析…一つの目標・目的のコスト分析，ゴール達成の最小コ
            スト代替案の検証手続
```

取引について警告しなければならない。

(6) 業績管理統制の基準

業績計画プラン及び業績報告書の適切な作成のためには，政府・自治体において適切な業績管理統制システムが設定されていなければならず，法規準拠性や不正・濫用・不法行為等の検証についても業績管理統制リスクの評価による監査が必要である。GAASとは異質で広義の業績管理統制とその評定が行われる。

(7) 重要性の基準

業績（行政成果）公監査あるいはVFM監査においても，公監査人は重要性の基準を認識し，すべての監査局面における職業専門的判断に際しては量的及び質的重要性を考慮しなければならない。特に公監査報告書の利用者の判断または意思決定に与える影響の諸要素から重要性の判断水準を検討しておかなければならない。重要性の判断水準は，GAASと相違して低い水準に設定される。

(8) 準拠規準及びガイダンス設定の基準

業績計画プラン及び業績報告書作成のための規準及びガイダンスが規制または監視機関から明定されていなければならない。規定されている内容の水準が確かであればあるほど，業績報告書及び業績（行政成果）公監査報告書の質的水準が高まり安定性が増す。規定されるべき内容は，行政成果ガイダンスでは，一般基準，財務及び業績測度・指標・準拠法規，監査報酬，スケジュールが年度ごと作成される必要がある。公監査人はこれに準拠した監査を実施するという性質を持つ。このような基準及びガイダンスが設定されるのはGAASとは異質である。

(9) 監査証拠の基準

公監査人は十分性及び適切性等の要件を充足する証拠が，監査する組織，プログラム，活動，機能に関連する公監査人の判断及び結論に対する合理的な基礎を提供するために収集されなければならない。証拠の質的または量的基準及び証拠類型基準を公監査人は認識し，不正及び誤謬の発見事項あるいは不適当な結論のリスクを最小化するための適切な判断を行わなければならない。監査証拠の収集と評定手続は，GAASと共通性があるが，必要とされる証拠の類型及び監査技術または手続は異質である。

(10) 監査調書の基準

業績（行政成果）公監査においても，特に3E～5E監査またはVFM監査の結論を導く過程の妥当性を立証するためにも監査調書の作成・保存が必要である。また，監査の品質を確保するためにも監査調書の保全管理の合理的な方針と手続の確立が求められる。

(11) 組織的監査の基準

営利組織監査と同様に，政府公監査においても監査の品質管理を保持するた

め組織的監査が必要であり，特に業績（行政成果）公監査では監査チームの組成いかんが監査の水準を決定することになる。複合専門監査チームの監督，業績責任の明確化，内部QCレビューや外部QCレビューの実施等が必要となる。特にパブリックアカウンタビリティからは外部QCに重点が置かれる。

(12) フォローアップの基準

業績（行政成果）公監査においては，監査結果より改善勧告がなされるので，これら批判的事項及び勧告事項が矯正または修正されているかどうかのフォローアップが継続的な行政サービスの改善には不可欠である。これはGAASとは異質である。

(13) 他の専門家利用の基準

業績（行政成果）公監査では，多種多様な政策評価の監査が行われるために，会計・行政管理・経営管理のみならず財政・経済・法律・情報・国際関係等幅広い領域の専門家を公監査人の責任において政府公監査のすべての局面で利用することとなる。専門家の範囲が広いことがGAASとは異質である。

3 業績（行政成果）公監査報告基準

業績（行政成果）公監査の報告基準の内容は次のとおりである

(1) 業績（行政成果）公監査報告書形式の基準

業績（行政成果）公監査の範囲は準拠法規によって広狭があり，したがって業績（行政成果）公監査の目的に応じた記載形式になるので，報告書利用者が誤った判断に陥らないような内容が記載されなければならない。業績（行政成果）公監査に求められる包括性及び保証水準によって公監査報告書の形式が相違する。それ故，文書化された公監査報告書が公監査結果伝達の報告機能を果たせる水準と内容要素を具備したものであることが要請される。構成内容は，

準拠性，業績情報及びマネジメント業務やレビュー結果が記載されなければならない。また，業績（行政成果）公監査の限界が認識されている場合は報告書に記載されなければならない。GAASとは異質の報告形式である。

(2) 適時性の基準

業績（行政成果）公監査報告書が利用者に有用であるためには適時な発行が必要であり，場合によっては事前，政策または事業継続中及び事後の公監査報告がなされる。事前または事業継続中に監査が実施され報告書が作成されることはGAASとは異質である。

(3) 報告内容の基準

業績（行政成果）公監査報告書の内容基準には一般的基準は存在しない。特にVFM監査の場合は，監査目的・範囲によって変化する。しかし，共通的な要件としては，一般の監査基準（GAAS）への準拠性，客観性，説得性，明瞭性及び簡潔性がある。客観性は報告内容のトーンについて，説得性は結論・勧告の論理性について，明瞭性は率直性や非専門用語の利用について等を要請する。GAASの準拠性は様式や構成は共通的であるが，報告内容は異質である。

(4) 公監査目的及び範囲の報告基準

業績（行政成果）公監査の目的・範囲は展開段階すなわち法規や契約要件に応じて相違があるから情報の利用者の誤った判断の生ずることのないように明確にしておかなければならない。公監査目的の報告内容は，Why，What，監査の主題，報告目的等を，公監査範囲は，期間，対象機関，収集した証拠の源泉や類型，監査の質的水準等を，公監査方法は，証拠収集技術やサンプリング方法，比較規準の選択理由等を記載し保証水準を明示しなければならない。保証水準に大きな幅があることがGAASとは異質である。

(5) 監査結果及び理由の報告基準

　公監査の結果，監査の発見事項の全体的な議論かつ適用可能な場合は監査人の結論が記載されなければならない。結論の形式には，判断基準とともに発見事項を記載する。3E〜5E監査またはVFM監査の結果については，対象事項の責任担当官の陳述が必要である。また，報告書にはさらなる調査と検討を必要とする重要事項のリストを包含していなければならない。業績測度や指標がすべての重要性の観点において不適切な場合には報告書において意見を述べるか，代替的にアクセス可能な測度等によって検証し発見事項を含めて意見を述べるか，監査範囲について限定意見を付することになる。監査結果及び理由の記載方法はコミュニケーションの基準とともにGAASとは異質である。

(6) 業績測度・指標評定の基準

　業績（行政成果）公監査に求められる包括性及び保証水準によって求められる監査判断が異なり，測度・指標の妥当性の判定に相違が生ずることがGAASとは異質である。欠陥のある業績測度・指標の特質は（**図表3-7**）のとおりであり，公監査人はこれを識別していなければならない。

【図表3-7】欠陥指標の特質

> 　信頼性のないもの，適時性のないもの，遠回しのもの，類似性したもの，反復的なもの，間接的なもの，自己矛盾のもの，不明瞭なもの，漠然としたもの，故意的のもの，あいまいなもの，ゆがめられているもの，誤導するもの，平凡なもの，過大視しているもの，不正確なもの，抑制的のもの，強力すぎるもの，付随的なもの，寛大なもの，単純化すぎるもの，曲解しているもの，つまらないもの，あまりにも技術的なもの，あまりにも詳細なもの，専門的すぎるもの，学者的な用語のもの，個人的プライバシーに関するもの，不本意のもの，あまりに複雑なもの，混乱させるもの，わかりにくいもの，事実上の意味がないもの，遅いもの，適合性を失っているもの，早すぎるもの，ジレンマをもたらすもの，部分的すぎるもの，消極的なもの，歪曲するもの，リスクのあるもの

(7) 政策（行政）評価監査の基準

業績（行政成果）公監査に政策評価が包含される監査段階では公監査報告書において政策評価の目的・手段・評価指標の妥当性についての意見または結果報告を行う。ここでは求められる保証水準によって内容が異なることがGAASとは異質である。

(8) 改善勧告の報告基準

業績（行政成果）公監査報告書には，3E～5Eの改善に資する場合には問題領域を正すため及び運営を改善するための行動に対する建設的な勧告事項を記載しなければならない。改善勧告に至る経過が証拠によって立証され論理的な説明がなされなければならない。ここでは法規によって第1章（**図表1-9**）の展開図の第10段階である価値判断または政策妥当性監査が除外されている場合は勧告事項に含めてはならない。また，勧告事項には，規制機関または監査機関に対する監察勧告を包含する場合もある。改善勧告が不可欠であることがGAASとは異質である。

(9) 公監査報告書の作成基準

業績（行政成果）公監査報告書の作成基準としては，完全性，正確性，客観性，説得性，明瞭性及び簡潔性が求められる。特に3E～5EまたはVFM監査では，必要な情報，適切な背景情報，偏見や誤謬のないこと，読者に適切で正しい理解を与えるものでなければならない。正確性は真実性，信用性，信頼性で代替される。完全性や説得性はGAASとは異質な面を持つ。

(10) 公監査報告書の配布基準

政府・自治体の公監査報告書は，法規による制限がなければ一般的に公共的に有用なものでなければならない。それ故，適時に適切な配布がなされなければならない。特別扱いまたは機密扱いは法的要件に従って配布される。そうで

ない場合は，監視または規制機関からメディアを含めて広く配布可能でなければならない。注目すべき業績，さらなる研究課題や責任担当官のコメントも包含して配布される。

４ 法規準拠性公監査プロセス

　法規準拠性公監査は上述の被監査機関作成の法規準拠性結果報告書を基に実施されるが，その実施プロセスにおけるQC（品質管理）上の留意点を10の段階（ステージ）に区分し，各ステージのQCチェックに必須の50の項目で示すと下記のようになる。

ステージ１　法的な前提の根拠を確証化する段階
1首長，マニュフェストの有無，2立法府の政策決定方針，3根拠法規，4法規条文・趣旨
ステージ２　具体的な法規準拠性の目標・指標を確証化する段階　⇔　公監査の視点でもある
5目標法規準拠性の趣旨の確証（非準拠性趣旨）(1) 合法性 (2) 合規性 (3) 要網準拠性 (4) 準拠性 (5) 不正 (6) 誤謬 (7) 濫用 (8) 3E＋2E，6法令解釈・基準の確証，7違法性・不適切支出の確認，8不正・濫用基準の確認，9業績の法規準拠性，10法規準拠性の確証，11法規意図の確証，12重要性水準
ステージ３　行政側の法規準拠性の維持プロセスリスク管理を確証化する段階
13法規の準拠性責任者実施プロセス（工程表），14法規準拠性の重要性，15内部統制・内部監査・会計プロセス，16証拠の証明力，17非準拠性法的評価システム，18法規準拠性結果報告書（アサーション），19法規準拠性リスク認識，20法規準拠性公監査リスクの評価
ステージ４　公監査人側の公監査リスクと公監査手続の留意点を確証化する段階
21責任別・業務別・担当者別リスク分析，22公共調達リスク，23法規準拠性結果の虚偽報告，24法規準拠性結果報告書の公監査の目的，25法規準拠性公監査実施手続・証拠（合法性，合規性，準拠性，不正，誤謬，濫用，クレイム），26法規準拠性公監査証拠，27法規準拠性公監査手続上の留意点（非準拠性の指標），28内部監査との共働，29立法府の審議公式記録の閲覧，30特別監査要件の追加的手続，31レビュー，同意された手続，32強制的監査領域の適格性，33虚偽表示リスクの検証

ステージ5　法規準拠性公監査手続実施による結果の報告を確証化する段階
34 法規準拠性公監査報告書
ステージ6　公監査結果報告書への対応・処理手続と公表を確証化する段階
35 意見と結果の報告，36 立法府とのコミュニケーション，37 法規準拠性違反の弁明，38 法律家とのコミュニケーション，39 非準拠性報告，40 非準拠性の措置・伝達状況，41 結果公表・公開，42 行政・司法手続，43 迅速なフォローアップ
ステージ7　公監査人の独立性・適格性の判定を確証化する段階
44 公監査人の適格性（独立性，適格性），45 法規準拠性公監査の品質管理
ステージ8　立法府の処置を確証化する段階
46 立法府の審議・決算・予算，47 財務・業績管理システム，48 財務モニタリングシステム
ステージ9　事後の格付を確証化する段階
49 評価・格付
ステージ10　責任を確証化する段階
50 法的責任・ペナルティの履行

(2013年1月　鈴木　豊作成)

5　業績（行政成果）公監査プロセス

　業績（行政成果）公監査は，上述の被監査機関作成の業績（行政成果）報告書を基に実施されるが，その実施プロセスにおけるQC上の留意点を，15の段階（ステージ）に区分し，各ステージのQCチェックに必須の55の項目で示すと下記のようになる。

ステージ1　業績方針の法的根拠の確証化の段階
1 首長マニュフェストの有無，2 立法府の政策決定方針（達成目標），3 業績目標管理方針，4 根拠条文（法規準拠性）

ステージ2　目標達成の管理システムと具体的な指標・コスト指標の確証化の段階
5 目標業績管理システムの確証, **6** 目標業績指標 (1) 経済性 (2) 効率性 (3) 有効性 (結果＝output) (4) 有効性 (成果＝outcome) (5) 有効性 (代替案, 代替コースのレイアウト) (6) 公平性・倫理性 (7) 短・中・長期インパクト, **7** ベンチマーク・標準 (スタンダード) 指標 (クリアリング・ハウス), **8** コスト指標 (フルコスト, 共通性), **9** コスト効率性・有効性, **10** 業績意図の確証, **11** 業績準拠性・評価の重要性, **12** 測度・指標の妥当性・適切性, **13** 測度・指標の事前監査手続

ステージ3　業績（行政成果）公監査証拠の説得性・理論性の確証化の段階
14 業績証拠の証明力

ステージ4　目標業績の法的根拠の確証化の段階
15 業績の法規準拠性, **16** 業績計画・実施・報告・フォローアップの法規準拠性

ステージ5　目標業績達成の実行計画―実施過程―評価過程―報告書作成プロセスの確証化の段階
17 業績（行政）成果計画書, **18** 目標実施プロセス（工程表）, **19** 業績（行政）成果測定プロセス（マニュアル）, **20** 業績（行政）成果評価プロセス（PDCA）, **21** 業績（行政成果）報告書（年次）, **22** プログラム環境，オペレーション, **23** 政策決定過程の報告書, **24** 業績成果指標の重要性水準

ステージ6　行政側の業績管理リスクへの対応の確証化の段階
25 マネジメントリスクの認識（業績管理統制）, **26** リスク低減対応

ステージ7　公監査対象業績の特定化と対応の公監査手続・収集すべき証拠の確証化の段階
27 業績成果報告書の公監査の目的（objectives）, **28** 目的水準の予備調査, **29** 業績（行政成果）公監査目的の公共の利益性, **30** 組織的公監査手続, **31** 業績（行政成果）公監査技術・手続の開発, **32** 業績（行政成果）公監査手続・証拠①効率性（経済性）の検証（インプット・アウトプット），②有効性の検証（アウトカム，インフルエンス），③公平性・倫理性，④コスト効率性・有効性の検証（機会費用），⑤フル・ネット・トータルコストの識別，⑥代替コースのレイアウト，⑦プロセス, **33** 業績成果報告書作成マニュアル, **34** 業績（行政成果）公監査手続上の留意点, **35** 業績（行政成果）公監査の事前・継続中・事後性, **36** 業績（行政成果）公監査の証拠の合理性, **37** 業績成果の包括的評価

ステージ8　業績（行政成果）公監査報告書の作成・審査プロセスの確証化の段階
38 業績（行政成果）公監査報告（利用者・利用目的), **39** 業績（行政成果）公監査非準拠性報告, **40** 業績（行政成果）公監査報告書の保証水準, **41** 業績（行政成果）公監査報告書の限界表示, **42** 業績（行政成果）公監査の建設的勧告, **43** 業績（行政成果）公監査意見の説明の論理性, **44** 政策の功罪，価値判断境界基準

ステージ9　業績（行政成果）公監査による非準拠性結果の報告の確証化の段階
45 行政府の措置状況（改善勧告），46 結果公表
ステージ10　公監査人の独立性・適格性の確証化の段階
47 公監査人の適格性（独立性・適格性），48 他の専門家の利用，49 公監査人の業績（行政成果）公監査の正当な注意
ステージ11　公監査のQCプロセスの確証化の段階
50 品質管理（外部QC）
ステージ12　立法府の処置の確証化の段階
51 立法府への審議（決算・予算）・措置
ステージ13　業績（行政成果）公監査の結果による財務・財源システムの確証化の段階
52 財務管理システム（財源・財務）
ステージ14　事後的評価・格付の確証化の段階
53 評価・格付
ステージ15　業績（行政成果）公監査結果に対するインセティブ付与及び責任の確証化の段階
54 インセンティブ／責任，55 ペナルティの履行

（2013年1月　鈴木　豊作成）

＊小　括＊

　本章では，前2章及び本章で提示した業績（行政成果）公監査基準に準拠した国民・市民・納税者に対するパブリックアカウンタビリティの履行のための業績（行政成果）公監査が実施・報告すべき業績（行政成果）公監査過程を提示し，合わせて，その品質管理を維持すべき留意点を示したものである。ここで識別すべき論点は次のとおりとなる。[4]

(1) 業績（行政成果）公監査目的の設定のあり方である。すなわち，被監査機関に求められる業績についての法規の趣旨と意図の識別である。

(2) 業績（行政成果）公監査は，3E～5EまたはVFM監査として実施される。それ故，当該被監査機関に適合する測度及び指標（尺度）を設定しなけれ

ばならない。
(3) 公監査人は業績（行政成果）公監査基準で求められる各基準の特質を理解し，公監査リスクを低減する方策を識別しなければならない。
(4) 業績（行政成果）公監査証拠として最も適合し，及び証明力の高い説得力ある合理的基礎を収集して，これを評価する能力が公監査人の正当な注意となる。
(5) 業績（行政成果）公監査報告書には，業績の結果・成果・インパクトに基づく意見・結果・改善勧告が包含されるのであるから，基準準拠性の充足と論理的の高位の保証水準が求められる。

【注】
1) GAO, *Executive Guide-Effectively Implementing the Government Performance and Results Act*, 1996. p. 30
2) GAO, *Government Auditing Standards, 2011 Internet Version*, 2011. Aug, pp. 110-157.
3) IFAC, *Handbook of International Standards on Auditing and Quality Control*, 2009 *Edition*, pp. 63-764
4) 鈴木豊著「公会計講義」，税務経理協会，2010. 5. pp. 151-166. 鈴木豊著「地方公共団体の公会計・公監査改革の論点」地方財務協会編『地方財政』，2011. 5. pp. 4-16.

【参考文献】
（1） 鈴木豊「公会計講義」，税務経理協会，2010. 5.
（2） 鈴木豊「地方公共団体の公会計・公監査改革の論点」地方財務協会編『地方財政』，2011. 5.
（3） GAO, *Executive Guide-Effectively Implementing the Government Performance and Results* Act, 1996.
（4） IFAC, *Handbook of International Standards on Auditing and Quality Control*, 2009 *Edition*.
（5） GAO, *Government Auditing Standards, 2011 Internet Version*, 2011. Aug.

(第3章担当　鈴木　豊)

第4章

わが国の地方公共団体における業績（行政成果）公監査の位置付けと現状

＊プロローグ＊
1. 地方自治法上の業績（行政成果）公監査の位置付けと監査委員監査
2. 外部監査における業績（行政成果）公監査の対象範囲
3. 地方公共団体における業績（行政成果）公監査の実施状況とその課題
4. 地方行財政検討会議における業績（行政成果）公監査の評価と方向性

＊小　　括＊

＊プロローグ＊

　第2章は「業績（行政成果）公監査と財務・法規準拠性公監査の関連」，また，第3章では「業績（行政成果）公監査の基準と実施過程」について述べてきたところである。そこで，本章及び第5章では，わが国において業績（行政成果）公監査がどのように位置付けられ実施されているのか，また，その現状，課題等について，地方公共団体を事例として具体的に検討していくこととする。

1　地方自治法上の業績（行政成果）公監査の位置付けと監査委員監査

　地方自治法（以下，単に「法」という。）によると，地方公共団体は「その事務を処理するに当っては，住民の福祉の増進に努めるとともに，最少の経費で最大の効果を挙げるようにしなければならず（法2条14項），また，常に組織及び運営の合理化に努め（同条15項），法令に違反してその事務処理をしてはならない（同条16項）」と規定されている。

　国・地方公共団体等の公的機関におけるアカウンタビリティは，国民・市民・納税者から受託した資金の収支の状況を明らかにする顛末責任たる収支会計（説明）責任（第1段階），企業会計のアカウンタビリティと同質な発生主義に基づく財務諸表によって行政活動が開示される責任（第2段階）にとどまらず，税金・公金の活用結果・成果の業績（行政成果）指標を達成したかどうかの「パブリックアカウンタビリティ」（第3段階）が求められる（鈴木（2011a））[1]。

　このように，法2条各号の規定に基づく地方公共団体の活動に係る履行の成果は，パブリックアカウンタビリティとして果たされるべきものであると考える。

　したがって，地方公共団体における監査制度は，地方公共団体の財務事務，経営事業の管理を執行機関が適正に執行し，能率的に行政運営がなされている

第4章　わが国の地方公共団体における業績（行政成果）公監査の位置付けと現状

かどうかについて監査委員または外部監査人が監査を実施し，その監査の結果を住民に公表し，住民に情報を提供することによって，住民による行政の監視，あるいは住民の行政への参加を促進することに利活用されることとなる。

さて，公監査については，諸外国で様々な監査体系・分類があるが，概括すると，「①財務（報告）公監査，②（法規）準拠性公監査，③業績（行政成果）公監査」の3つに大別される（鈴木（2011b））[2]が，INTOSAI（International Organization of Supreme Audit Institutions，最高会計検査（監査）機関国際組織）のガイドラインによると，「業績（行政成果）公監査（performance audit）とは，経済性，効率性及び有効性の監査にかかわるものである。」とされている[3]。

かかる業績（行政成果）公監査では，地方自治法上に規定する「最少の経費で最大の効果，組織運営の合理化」の具体化として，経済性（Economy），効率性（Efficiency），有効性（Effectiveness）の頭文字の3つのE，いわゆる「3E監査」に，実施上の着眼点として重点が置かれている[4]。これらの業績（行政成果）公監査を，英国では「支出に見合う価値」（Value for Money）に関する監査として「VFM監査」と称されているが，アメリカで用いられている3E監査と内容は同様であると考えられる。例えば，HOPWOOD and TOMKINS（1984）などの文献からも，従前より並行的に用いられていることがわかる[5]。

そこで，わが国における監査委員監査に関する業績（行政成果）公監査に該当する地方自治法の条文についてみると，財務監査（法199条1項及び4項）「普通地方公共団体の財務に関する事務の執行及び普通地方公共団体の経営に係る事業の管理」の規定を受けた法2条14項及び同条15項，並びに行政監査（法199条2項）「必要があると認めるときは，普通地方公共団体の事務の執行についての監査」の規定が存在する。また，このほか，決算審査（法233条2項）の内容に関しても「計算に間違いはないか，支出命令等に符号しているか，収入は適法であるか等」を範囲とする見解もあるが[6]，これに加えて，「予算に定める目的に従って，事務事業が最も効果的，経済的に執行されているか（実体的審査）」も実施すべきとする見解があり[7]，後者の見解により実施し意見を付している地方公共団体も多い。その他各種要求監査においても要求内容により

55

【図表 4-1】 監査委員の職務権限

	監査等の種別	主な根拠条文	職務内容
監査	定期監査（財務監査）	法199条1項, 4項	毎会計年度少なくとも1回以上期日を定めて行う財務に関する事務の執行及び経営に係る事業の管理の監査
	行政監査	法199条2項	必要があると認めるときに行う事務の執行に関する監査
	随時監査	法199条5項	必要があると認めるときに随時に行う財務に関する事務の執行及び経営に係る事業の管理の監査
	財政援助団体等監査	法199条7項	必要があると認めるとき又は市長の要求があるときに行う補助金、交付金等財政的援助を与えているもの及び資本金等の1/4以上を出資している法人等の監査
	金融機関の公金出納監査	法235条の2第2項	必要があると認めるとき又は市長の要求があるときに行う指定金融機関及び出納取扱金融機関の公金の出納事務の監査
	直接請求監査	法75条	選挙権を有する者の1/50以上の請求に基づく事務の執行に関する監査
	議会請求監査	法98条2項	議会の請求に基づく市の事務に関する監査
	要求監査	法199条6項	市長の要求に基づく市の事務の執行に関する監査
	住民監査請求	法242条	住民の請求に基づく、財務に関する違法・不当な事務又は財産の管理等を怠ることについて、住民から請求があったときに行う監査
	賠償責任監査	法243条の2第3項, 公企法34条	市長からの要求に基づき、職員の賠償責任の有無、賠償額の決定を行う監査
審査	決算審査	法233条2項, 公企法30条2項	毎会計年度行う各会計決算及び付属書類の審査
	基金運用状況審査	241条5項	毎会計年度行う定額の資金を運用する基金の運用状況の審査
	健全化判断比率等審査	財政健全化法3条, 22条	毎会計年度行う健全化判断比率・資金不足比率と同算定基礎（書類）の審査
検査	例月現金出納検査	法235条の2第1項	現金の出納につき、毎月例日を定めて行う検査

（注）：地方自治法等の条文から筆者作成。地方自治法は「法」、地方公営企業法は「公企法」、地方公共団体の財政の健全化に関する法律は「健全化法」と表記。

業績(行政成果)公監査の側面をも有することとなる。[8]

また,監査委員の職務権限は様々な区分方法が考えられるが,法文上,実施時期等による区分は(**図表4-1**)のとおりとなる。法により義務とされている「定期審査(財務監査),決算審査,現金出納検査」は全ての地方公共団体で実施されており,それ以外の行政監査を含むその他の監査は住民・長等の要求により,あるいは,監査委員が任意に必要性を認識し実施することとなっている。こうした行政監査の任意実施としている仕組みが,わが国の業績(行政成果)公監査の実施が進まないという課題の一因であることは後述する。

なお,監査委員の監査権限は従来,財務監査に限られていたのであるが,1991年の地方自治法改正により,機関委任事務を含め一般行政事務についても監査を行うことができるとする行政監査(法199条2項)が創設された。

これは,例えば,松本(2007)によれば,その立法趣旨を「公正で効率的な行政の確保に対する住民の関心が一段と高まってきており,これに応え監査委員による監査機能の充実強化を図るためには,財務監査に加え,組織,人員,事務処理方法その他行政運営全般についても必要に応じ監査を行う必要がある」と捉え,そして,法改正後における監査委員監査のあり方についても,「監査委員制度運営の精神或いは監査機能行使の方針は,不正又は非違の摘発を旨とする点にあるのではなく,行政の適法性あるいは妥当性の保証にあるというべきであり,いかにすれば,公正で,合理的かつ効率的な地方公共団体の行政を確保することができるかということが最大の関心事でなければならない。」[9]として,業績(行政成果)公監査である行政監査の重要性・必要性が強調されている。

② 外部監査における業績(行政成果)公監査の対象範囲

一方,外部監査制度は,一部の地方公共団体で起こった不適正経理等を契機としてその導入が検討されたものであり,[10] 監査機能の専門性・独立性の強化及び住民の信頼の向上を目的として,1997年の自治法改正により創設された。

【図表 4-2】 現行の監査委員及び外部監査人による財務監査・行政監査の範囲

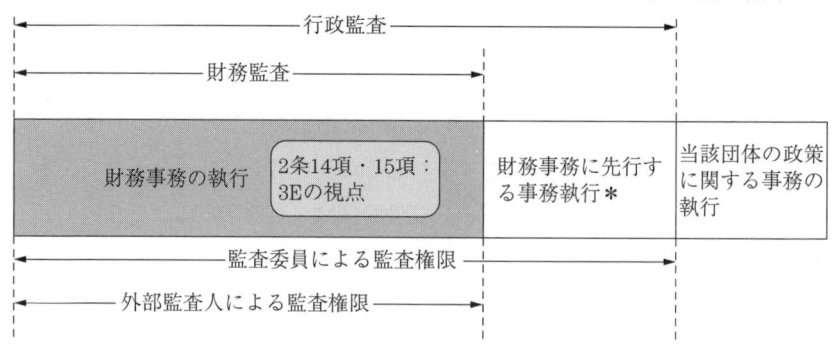

```
|←――――――――――― 行政監査 ―――――――――――→|
|←―――――― 財務監査 ――――――→|
┌─────────────────┬────────────┬──────────────┬──────────────┐
│                 │            │              │ 当該団体の政策│
│  財務事務の執行  │ 2条14項・15項│ 財務事務に先行す│ に関する事務の│
│                 │ 3Eの視点    │ る事務執行*    │ 執行         │
└─────────────────┴────────────┴──────────────┴──────────────┘
|←―――――― 監査委員による監査権限 ――――――→|
|←――――― 外部監査人による監査権限 ―――――→|
```

（注）：地方自治法の関連条文から筆者が作成

　外部監査として主に実施されている包括外部監査は，外部監査人は当該地方公共団体の財務に関する事務の執行及び経営に係る事業の管理のうち，法2条14項及び15項の規定の趣旨を達成するため，自らが必要と認める特定の事件（以下「テーマ」という。）について，契約の期間内に，少なくとも1回以上地方公共団体の監査を実施するものである（法252条の36ほか）。

　特筆すべきは，これまでみてきた監査委員監査制度と比較して，外部監査制度では，財務監査が監査権限として付与されており，業績（行政成果）公監査のうち行政監査は監査範囲になっていない（**図表4-2**，法252条の37ほか）。[11]

　しかし，財務監査と行政監査は，いずれも法2条14項，15項に基づく3Eの視点で監査を行う（自治法199条3項）にもかかわらず，財務事務の執行に先行する事務執行（図表4-2中の*の部分，「先行行政事務」と称している。）に係る監査（行政監査）ができないことの合理的な理由は見出しがたく，また，実務的にも財務事務と先行行政事務は密接に結びついており，両者の明確な区分は難しい。

　なお，包括外部監査におけるこれまでの10年間余の実施実績を振り返ると，地方公共団体における包括外部監査の結果では，財務事務の執行の範囲内で自治法2条14項及び15項に基づく3Eの視点での業績（行政成果）公監査が法規準拠性監査と並んで相当程度行われており，また，外部監査人の「意見」（法

第4章　わが国の地方公共団体における業績（行政成果）公監査の位置付けと現状

252条の38第2項）[12]として，地方公共団体の政策・施策・事業に関する事項に係る3Eの視点で述べられている事例が数多く見受けられている。当該意見は，コンサルティング的な内容を包含したものとなっている。

このように長の権限である政策的な事項に対する監査結果・意見の適否や外部監査人の判断基準の設定など，現行制度上の外部監査に関する諸課題に対しては，「意見」を複数提案するコンサルティングに相当する提案が可能であると考える。その意見は政策に対する是正・改善の要求ではなく，職業専門家としての提案を地方公共団体が受容し，その選択の可否を長が決定することにより，その有効活用が期待できるのである。

ここで，地方公共団体の監査について，公監査目的との関連で，監査委員監査及び外部監査の関連を考えると，（**図表4-3**）のように整理できる。

費用対効果などコスト面を意識した業績（行政成果）公監査を行っていく上で，会計士を中心とした職業的専門家による何らかの関与が必要と考えられることから，テーマを定めて包括外部監査を実施していく上で，財務事務に加えて先行行政事務も監査範囲として一体で実施することが合理的であり効率的であるといえよう[13]。したがって，法制度上及び運用上可能となるような改正が求められる。

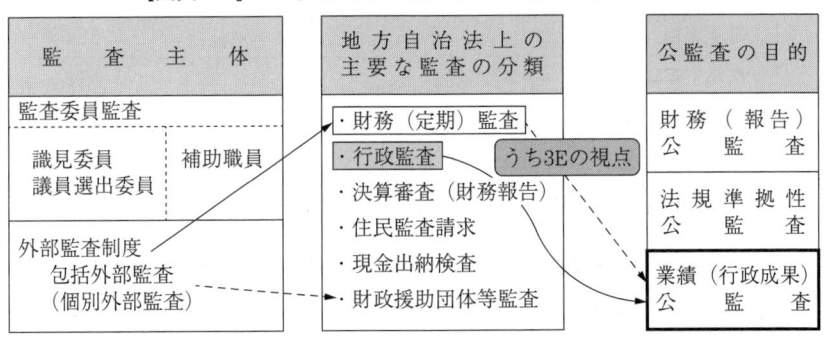

【図表4-3】　地方公共団体監査の体系と公監査目的の関連

監査主体		地方自治法上の主要な監査の分類	公監査の目的
監査委員監査		・財務（定期）監査	財務（報告）公監査
識見委員 議員選出委員	補助職員	・行政監査　うち3Eの視点	
		・決算審査（財務報告）	法規準拠性公監査
		・住民監査請求	
外部監査制度 包括外部監査 （個別外部監査）		・現金出納検査	業績（行政成果）公監査
		・財政援助団体等監査	

（注1）：筆者作成。矢印は包括外部監査の監査範囲を示した（点線は一部該当を示す）。
（注2）：本図表は外部監査制度の業績（行政成果）公監査について監査委員監査との対比で記載したもので，監査委員監査における業績（行政成果）公監査の範疇全てを示したものではない。

3 地方公共団体における業績（行政成果）公監査の実施状況とその課題

それでは，監査委員の行う業績（行政成果）公監査のうち，法199条2項により監査委員が，監査の必要があると認めて行う行政監査の実施状況をみていく。

まず，2009年における筆者の実態調査では，都道府県においては，47団体の殆どで毎年行政監査を実施していた（図表4-4，5）[14]。

次に，「市」を対象とした直近3か年の行政監査の実施状況は，200団体前後と四分の一程度の実施に留まっていた（全国都市監査委員会による2008～2010年度の調査結果，図表4-6参照）[15]。この実施率が低い大きな要因として，監査委員の補助者たる監査委員事務局職員の人員不足（全市の95％程度が職員数10人未満であり）により，前述の法的に実施が義務付けられている監査，審査等に時間を要して，行政監査の時間が確保できないことにあるものと考えられる。

なお，紙面の関係で結論のみ記載するが，事務局体制が市の規模を下回る「町村」においては，2011年の実績で5.2％（全699町村中，36団体）と実施率

【図表4-4】 都道府県（地方公共団体）における行政監査の実施状況について

①毎年実施　注）	91.4％
②概ね1年に一度のサイクルで実施	5.7％
③不定期に実施	2.9％
④実施していない	—％

（注）：基本的に毎年実施していると記述した1団体を含む。

【図表4-5】 都道府県（地方公共団体）における行政監査の実施方法

①財務（事務）と併せて実施	37.8％
②行政監査として独立して実施	56.8％
③その他（①，②を両方実施している）	5.4％

【図表 4-6】 市（地方公共団体）の行政監査の実施状況

実施方法 / 人口区分	調査年次	3.5万未満	3.5～5万	5～10万	10～25万	25～50万	50～100万	100万以上	合計（単位:人）
独立して実施	2011	7	7	15	22	22	7	5	85
	2010	3	5	13	26	22	8	5	82
	2009	5	6	12	21	19	7	5	75
テーマを設定し定期（財務）監査と並行実施	2011	7	3	14	13	6	1	3	47
	2010	7	5	16	8	6	0	4	46
	2009	2	5	15	7	8	1	2	40
テーマを設定せず定期（財務）監査の中で実施	2011	20	13	42	26	10	5	3	119
	2010	14	10	27	23	8	4	2	88
	2009	13	9	24	17	5	4	1	73
その他	2011	1	0	2	0	1	0	0	4
	2010	1	0	2	0	0	1	0	4
	2009	1	0	1	0	1	1	1	5
実施団体数計 ＊下段の（ ）は対象団体数	2011	35 (119)	23 (126)	73 (267)	61 (179)	39 (63)	13 (17)	11 (11)	255 (782)
	2010	25 (108)	20 (135)	58 (271)	57 (173)	36 (63)	13 (16)	11 (11)	220 (777)
	2009	21 (108)	20 (135)	52 (271)	45 (173)	33 (63)	13 (16)	9 (11)	193 (777)

（注）：全国都市監査委員会ホームページの資料を筆者加工。

はさらに下回っている。[16]

　また，人的要因のほか，前述の都道府県における実態調査からは，各団体が独自に3E監査の実施手法を構築すること，業績評価の基準を設定することなどの困難性なども指摘されている。このことは，鈴木（2012a）で「業績（行政成果）公監査を効果的に実施するこの業績（行政成果）公監査を効果的に実施するためには，整備すべき制度要因とその公監査実施上の留意点を実施手続・報告手続及び業績公監査基準が確立されなければ，公監査人の任務と責任が明確

に確立され得ない。」[17]とすでに指摘した事項と附合する課題や今後の方向性が明らかとなっている。これらについては，次章で言及することとする。

4　地方行財政検討会議における業績（行政成果）公監査の評価と方向性

　業績（行政成果）公監査に関して，昨年度から国等での検討・議論が始まっている。

　それは，ここ数年間，数多くの地方公共団体において会計検査院の検査に端を発して明らかとなった不適正な経理処理が明らかになったことなどを踏まえ，総務大臣をはじめ，政務三役，学識経験者，地方公共団体関係者等で構成される「地方行財政検討会議」が2010年1月総務省に発足し，数次の会議を経て同年6月に「地方自治法抜本改正に向けての基本的な考え方」，また，翌7月に「監査制度の見直しの方向性について（たたき台）」が示された。

　「地方自治法抜本改正に向けての基本的な考え方」では，地方公共団体の監査制度に関して，要約すると次のような記述がなされている。[18]

(1)　監査委員監査及び外部監査からなる現在の地方公共団体監査の諸制度が有効に機能しているのか疑問が多いとし，特に現行制度の課題については，監査委員監査には独立性・専門性に限界があり，また，外部監査には専門性・組織性に限界がある。

(2)　加えて，現行の監査委員制度，外部監査制度は，廃止を含め，ゼロベースで大胆に制度を見直すこととし，次の考え方（**図表4-7**【見直しのイメージ】参照）に沿って制度を再構築するべきであり，その際には，監査機能についての概念を整理した上で，監査の主体，方法等について，住民の信頼の確保と地方公共団体の行政運営の効率性にも配慮した監査の実施の両立が図られるような制度を検討していく必要がある。

　具体的な検討策として「監査制度の見直しの方向性について（たたき台）」で示されている案をみると，案①は長の責任をより明確化するとともに，独立

第4章　わが国の地方公共団体における業績（行政成果）公監査の位置付けと現状

【図表4-7】「監査制度の見直しの方向性について（たたき台）」の3案の概要

【現行制度】

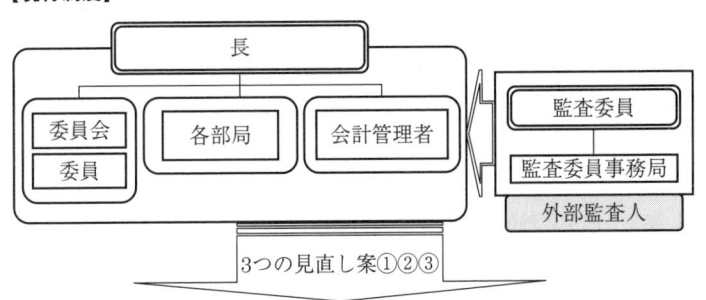

```
                    ┌─────┐
                    │  長  │
                    └──┬──┘
        ┌──────┬──────┼──────┐          ┌──────────┐
    ┌───┴──┐ ┌─┴──┐ ┌─┴────┐            │ 監査委員  │
    │委員会│ │各部局│ │会計管理者│           ├──────────┤
    │ 委員 │ │    │ │      │            │監査委員事務局│
    └──────┘ └────┘ └──────┘            └──────────┘
                                         外部監査人
              3つの見直し案①②③
```

【見直しのイメージ】（太字は監査主体）

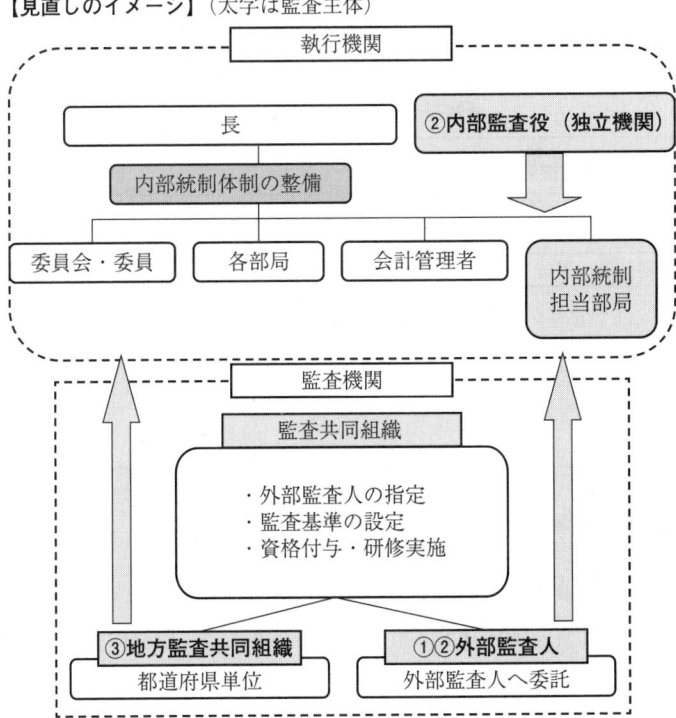

```
  ┌─ 執行機関 ─────────────────────────┐
  │                                              │
  │        ┌──────┐          ②内部監査役（独立機関）│
  │        │  長  │                               │
  │        └──┬──┘                               │
  │     ┌内部統制体制の整備┐                        │
  │     │                │                        │
  │  ┌──┴───┐ ┌────┐ ┌────┐   ┌──────┐      │
  │  │委員会・委員│ │各部局│ │会計管理者│  │内部統制 │     │
  │  └──────┘ └────┘ └────┘   │担当部局│     │
  │                              └──────┘      │
  └──────────────────────────────────┘
         ↑                              ↑
  ┌─ 監査機関 ─────────────────────────┐
  │           ┌──────────┐                     │
  │           │ 監査共同組織 │                    │
  │           ├──────────┤                     │
  │           │・外部監査人の指定│                  │
  │           │・監査基準の設定 │                  │
  │           │・資格付与・研修実施│                │
  │           └──────────┘                     │
  │                                              │
  │  ③地方監査共同組織      ①②外部監査人          │
  │   都道府県単位           外部監査人へ委託        │
  └──────────────────────────────────┘
```

63

【見直し案①　長の責任の明確化及び監査機能の外部化】

```
<執行機関>                              <監査機関>
┌─────────────────────────────────────────────────────────────┐
│ ┌──────────────┐    ┌──────────────┐  ┌──────────────┐     │
│ │内部統制体制の整備│    │ 監査共同組織 │  │ 外部監査人   │     │
│ └──────────────┘    └──────────────┘  └──────────────┘     │
│ 内部統制のモニタリング    外部監査人の指定    決算審査，随時       │
│ 定期財務監査（内部統制として） 監査基準の設定等  財務監査，出納     │
│ 随時財務監査（内部統制として）                   検査内部統制の    │
│ 行政監査                                        監査等           │
│ 長が財政援助団体等の監査                                         │
└─────────────────────────────────────────────────────────────┘
```

【見直し案②　内部と外部の監査機能の明確化】

```
<執行機関>        <独立した執行機関>              <監査機関>
┌─────────────────────────────────────────────────────────────┐
│┌──────────┐   ┌────────┐    ┌──────────┐  ┌──────────┐      │
││内部統制体制の│   │内部監査役│    │監査共同組織│  │外部監査人│      │
││  整備       │   └────────┘    └──────────┘  └──────────┘      │
│└──────────┘   内部統制の監査   外部監査人の指定  決算審査，        │
│内部統制のモニタリング 定期財務監査   監査基準の設定等  出納検査等      │
│長が財政援助団体等の監 随時財務監査                   （内部監査役が担う│
│査               行政監査                          監査以外を行う）  │
└─────────────────────────────────────────────────────────────┘
```

【見直し案③　監査機能の共同化】

```
<執行機関>                           <監査機関>
┌─────────────────────────────────────────────────────────────┐
│┌──────────────┐  ┌──────────────┐  ┌──────────────┐         │
││内部統制体制の整備│  │ 監査共同組織 │  │地方監査共同組織│         │
│└──────────────┘  └──────────────┘  └──────────────┘         │
│ 内部統制のモニタリング   監査基準の設定等    （複数の自治体が      │
│                      研修実施等           共同で監査を行う）    │
│ 長が財政援助団体等の監査                                        │
│                                         決算審査，定期財務監査，│
│                                         出納検査，内部統制の監査│
│                                         行政監査               │
└─────────────────────────────────────────────────────────────┘
```

（注）：地方行財政検討会議（2010年7月22日資料「監査制度の見直しの方向性について（たたき台）」）
　　　をもとに筆者が加工した。

性・専門性をより高めるため監査の外部化を進めるもの，案②は内部の行う監査と外部の行う監査を明確化するもの，また，案③は，監査の独立性・専門性をより高めるため，地方公共団体が地方監査共同組織を設立して監査等を共同して行うもの，というものである。なお，地方公共団体の外部に設置する監査共同組織が，監査基準の設定主体として位置付けられている。[19]

第4章　わが国の地方公共団体における業績（行政成果）公監査の位置付けと現状

　特に留意すべきは，いずれの見直し案も議会の監視機能や長の行政評価に委ねることに替えることにより，行政監査は廃止することとされている点にある。

　これらの見直し案を（**図表4-7**）に要約して，特に行政監査に関する取扱いを強調した（二重線見消し部分）。

　業績（行政成果）公監査である行政監査を監査範囲から除外して，議会の監視機能や長の行政評価等に委ねることにより執行機関内部の管理事項として実施していくことは，評価・検証行為の信頼性の面（自己監査・検証に近い）で不十分であり，また，確実に実施されるかという実施可能性の面でも疑問があり，いずれにしても有効ではないと考える。[20]

　なお，当該見直し案に関しては，具体的な制度設計については詳細が明らかとなる前に，地方行財政検討会議の審議事項は2011年8月に設置された第30次地方制度調査会に移行して検討されることとなった。そして，第30次地方制度調査会では，菅総理大臣（当時）より「議会のあり方をはじめとする住民自治のあり方」，「大都市制度のあり方」，「基礎自治体の担うべき役割や行政体制のあり方」などについて諮問がなされた。今後の審議については，まず，現在懸案となっている地方自治法の一部改正案に関する事項について審議し，その後，議会や大都市，基礎自治体のあり方について審議することとされ，監査制度改正に関する議論開始の時期については明らかとなっていない。[21]

＊小　　括＊

　本章では，地方公共団体における業績（行政成果）公監査に関する地方自治法の位置付けと実施状況についてみてきた。結果として，地方行財政検討会議などこれまで国等の議論で指摘されているように，事務局体制の脆弱性もあり，業績（行政成果）公監査の実施状況は進んでいないように見受けられた。

　次章は地方公共団体における業績（行政成果）公監査実施上の課題，具体的には第2章において業績（行政成果）公監査を実施・報告する際に識別すべき論点として掲げた事項，業績指標の設定などを中心に検討する。[22]

【注】
1) 鈴木豊（2011a），「業績（行政成果）公監査の展開」，『税経通信』，Vol. 66, No. 12, 10月号, pp.17-20.
2) 鈴木豊（2011b），「業績公監査と財務・法規準拠性公監査の関連」，『税経通信』，Vol. 66, No. 13, 11月号, pp. 154-155.
3) INTOSAI（2004）para. 1. 1.
4) 以下，公監査における「経済性，効率性及び有効性」の視点によるものを3Eと称する。
5) HOPWOOD and TOMKINS（1984, pp. 1-4）においても「政府監査では，効率性又はVFMの実行の業績に関するチェック等が最終的に考慮すべき問題である」としている。
6) 松本英昭（2007），『新版逐条地方自治法〈第4次改訂版〉』学陽書房, p. 787.
7) 全国都市監査委員会（1997）『地方公共団体実務ハンドブック』第一法規 p. 626, 園部逸夫監修・川名弘一編（1996）『自治体の監査＜改訂版＞』ぎょうせい, p. 134 など。
8) 本稿では紙面の関係から定期監査（財務監査）及び行政監査を中心に論ずることとする。
9) 松本前掲書, pp. 623-624.
10) 1995年に北海道監査委員事務局のカラ出張が報道され，その後2年間で徳島県など約全都道府県の四分の一程度の団体でも同様な事件が発覚した。これらの経過・顛末については吉見宏（1999，『企業不正と監査』税務経理協会, pp. 275-305）などを参照されたい。
11) 条例で定めることにより，財政援助団体等監査を行うことは可能である（法252条の37第4項）。
12) 法252条の38第2項では，「包括外部監査人は，監査の結果に基づいて必要があると認めるときは，当該包括外部監査対象団体の組織及び運営の合理化に資するため，監査の結果に関する報告に添えてその意見を提出することができる。」とされている。
13) 例えば，原典雄（1998，『監査委員監査実務マニュアル』ぎょうせい, pp. 257-258）では，監査の種類ごとに明確な区別をすることの困難性を指摘している。
14) 都道府県に関する行政監査の実態調査については，林賢是（2010，「地方公共団体の監査主体に係る課題及び各主体の課題認識に関する実態調査」『青山学院大学大学院・プロフェッショナル会計学研究年報』，NO. 3, pp. 121-140.）を参照のこと。なお，都道府県47団体中35団体（74.47％）から回答を受けた。図表の比率は35団体の構成比を示す。また，未回答の県における行政監査の実施状況については当該団体の直近のホームページ等により確認した。

15) 全国都市監査委員会（2011）『会員実態調査の集計結果▶前年度行政監査実施都市数（2011年6月30日現在）』（全国都市監査委員会ホームページ，〈http://www.zenkan.jp/jittai/kekka18.html〉，accessed 2011/12/15）等
16) 全国町村監査委員協議会『平成23年度町村等監査委員に関する実態調査結果』（全国町村議会議長会ホームページ，〈http://www.nactva.gr.jp/html/search/pdf/iin/h22.pdf〉，accessed 2012/12/15）
17) 鈴木豊（2011a），p. 26.
18) 地方行財政検討会議「地方自治法抜本改正に向けての基本的な考え方」(2010年6月22日) pp. 9-16.）。なお，同資料は，「地方自治法抜本改正についての考え方（平成22年）」（平成23年1月26日）として再整理されているが，監査部分に係る内容変更は見受けられなかった。
19) 地方行財政検討会議の「地方自治法抜本改正に向けての基本的な考え方」(p. 15)では詳細は明らかになっていないが，イギリスの監査委員会（Audit Commission）を参考とした制度設計を検討していく，などとする記述がある。
20) 地方公共団体監査に業績公監査たる行政監査が必要不可欠とする見解は，地方行財政検討会議第二分科会（第5回，2011年8月31日開催）においてヒアリング・意見表明を行った地方公共団体の監査委員からも多数寄せられている。例えば，大阪市では「行政実務に明るい職員による行政監査の実効性ある推進こそ，財政状況が厳しい状況下での市民の期待に応えることになる。行政監査の廃止は考えられない。」と見解を述べている。
21) 第30次地方制度調査会については，総務省ホームページ（http://www.soumu.go.jp/main_sosiki/singi/chihou_seido/singi.html）などを参照のこと。
22) 鈴木豊（2011c），「業績公監査の基準と実施過程」，『税経通信』，Vol. 66, No. 14, 12月号，pp. 196-197.

【参考文献】
（1） 全国都市監査委員会（1997）『地方公共団体実務ハンドブック』第一法規
（2） 園部逸夫監修・川名弘一編（1996）『自治体の監査＜改訂版＞』ぎょうせい
（3） 原典雄（1998），『監査委員監査実務マニュアル』ぎょうせい
（4） 鈴木豊（2011a），「業績（行政成果）公監査の展開」，『税経通信』，Vol. 66, No. 12, 10月号
（5） 鈴木豊（2011b），「業績（行政成果）公監査と財務・法規準拠性公監査の関連」，『税経通信』，Vol. 66, No. 13, 11月号
（6） 鈴木豊（2011c），「業績（行政成果）公監査の基準と実施過程」，『税経通信』，Vol. 66, No. 14, 12月号
（7） 吉見宏（1999，『企業不正と監査』税務経理協会，

（8） 林賢是（2010），「地方公共団体の監査主体に係る課題及び各主体の課題認識に関する実態調査」『青山学院大学大学院・プロフェッショナル会計学研究年報』，NO. 3
（9） 松本英昭（2007），『新版逐条地方自治法〈第4次改訂版〉』学陽書房
（10） Hopwood, A. and C, Tomkins. (1984),"Introduction," Issues in Public Sector Accounting, hilip Allan Publishers Ltd

（第4章担当　林　賢是）

第5章

地方公共団体における業績報告と業績（行政成果）公監査の実施過程

＊プロローグ＊
1. 業績指標の開示状況と業績（行政成果）公監査の関連
2. 業績（行政成果）公監査の監査基準と着眼点基準の現状
3. 業績（行政成果）公監査の報告書
＊小　括―地方公共団体における業績（行政成果）公監査の発展―＊

＊プロローグ＊

　地方公共団体をはじめ公的機関が行った施策・事業が，法令等に従い，かつ効率的，経済的に実施され，的確にその情報が提供されているかについて知ることを利用者（納税者，地域住民，行政機関内部の管理者等）は望んでいる。こうした考え方に基づいた財務報告等の情報の開示・公表が，『パブリックアカウンタビリティ』の履行であることは，これまでの考察で示してきたところである。

　前章から，地方公共団体を事例として，わが国における業績（行政成果）公監査の位置付け，実施状況とその課題について検討しているが，本章ではこれに続いて，業績（行政成果）公監査の具体的な実施に当たって，まず，地方公共団体が行っている業績（行政成果）報告の実情に関して具体例を紹介し，続いて，業績（行政成果）公監査の基準及び着眼点並びに業績（行政成果）公監査報告の具体的内容について検討を進めることとする。

1 業績指標の開示状況と業績（行政成果）公監査の関連

　業績（行政成果）公監査の実施に際しては，業務成果の履行状況を捉えるために，年度，事業あるいはプロジェクトの期間ごとの成果（決算額，達成実績値等）について，予算額，目標値（指標），前期実績（金額・数値）などとの比較が必要となる。そのためには，執行機関で公表・報告している既存の成果・業績に必要不可欠なコスト情報や，多くの地方公共団体で実施されている行政評価の取組資料などを活用することが考えられる。

　地方自治法（以下，単に「法」という。）によると，決算時に公表する成果報告は，「普通地方公共団体の長は，第三項の規定により決算を議会の認定に付するに当たっては，当該決算に係る会計年度における主要な施策の成果を説明する書類その他政令で定める書類を併せて提出しなければならない。」とされて

第5章　地方公共団体における業績報告と業績（行政成果）公監査の実施過程

いる（法233条5項）。

　しかし，同書類の記載事項や様式等に関する規定はなく，公表様式は各団体でそれぞれ異なっている。松本（2007）によれば，「主要な施策の成果を説明する書類の提出義務を課したのは，議会における決算審査が単なる数字の審査にとどまらず，事業の成果についても積極的に検討が加えられることを期待したものである。主要な施策の成果とは，決算が数字で表現される収支計算表であるのにかんがみ，これを具体的にその実績を明らかに示すものであればよく，具体的表示方法は普通地方公共団体の判断でよい。したがって，主要な施策のとり方も任意である。」とされている。

　以下，既に地方公共団体で作成されている「主要な施策の成果を説明する書類」についてその作成実態を検討し，業績公監査における活用の可能性・必要性について考察する。

(1) 実績と行政コストを掲載している事例（東京都）

　東京都では，2006年度から複式簿記・発生主義会計を導入して財務諸表を作成しており，従前の官庁会計と並行して決算報告を行っている。主要な施策の成果を説明する書類の構成内容として，「事業の成果がより明確に理解されるよう，財務諸表から得られる情報を掲載すること」として，毎年約50前後の主要施策・事業ごとに下記のとおり予算決算対比，事業概要・実績数値に加えて行政コスト計算書及び貸借対照表（ストック情報による分析が有益な一部事業のみ）を掲載（全体は100ページ前後）している。なお，当該行政コスト計算書には，1年間における収入と，行政活動の実施に伴い発生した費用（発生主義により，減価償却費等の非現金支出を含み，管理事務費を按分して計上）を計上している。

【記載事項（主な項目の抜粋）】
・事業概要，予算現額，決算額比較，事業実績数値（参加者数，使用・利用実績などの過去5か年比較）
・行政コスト計算書（2か年比較，①通常収支の部：行政収支（給与・人件費明細

71

含む。)・金融収支（公債費明細含む。)，②特別収支，③当期収支差額，④一般財源充当調整，⑤都民一人当たりの行政コスト）

・貸借対照表（2か年比較，①資産：行政財産，インフラ資産，②負債，③正味財産）

(2) 業績指標を事前に設定して決算年度における達成状況を公表している事例 (岩手県)

岩手県では「いわて希望創造プラン（2007～2010年度）」に掲げている「目指す姿指標 (55指標)，具体的推進方策指標 (177指標)」の達成状況及び1999年～2010年度までの県総合計画の基本計画における主要な指標（228指標，例えば二酸化炭素排出量削減率，自然観察活動参加者数など）の具体的な実施状況に関し基準値，目標値，決算年度までの実績値との関係でその達成状況を公表している[3]。こうした形式はイギリスのパフォーマンス・インディケーター（業績評価指標）に近いと思われる。

【達成度（数値）の計算方法】

達成度＝（平成20年度の実績値－基準値）÷（平成22年度の目標値－基準値）
　　　　×100

達成度は，「主要な指標」の総合計画の最終年次である平成22年度の目標値に対する到達の割合を示すもので，達成（◎）・概ね達成（○）・未達成（●）として表している。

(3) 行政評価の報告書をもって成果の達成状況としている事例 (秩父市)

秩父市では2008年度から事務事業を単位として行政評価を本格導入し，行政評価の活用，周知を意図して，当該行政評価結果をもって「主要な施策の成果報告書」と位置づけている。全体報告書は570ページとなっている[4]。なお，2010年度からは事務事業に加えて，同市の総合振興計画の基本単位を基本事業として二段階での評価へ移行することとしている。

【評価の方法】

基本事業を構成する事務事業（2009年度決算ベースでは285事務事業）につい

第 5 章　地方公共団体における業績報告と業績（行政成果）公監査の実施過程

て当該事務事業担当職員が実績（成果）をもとに，人件費を含めた事業費を掲載した行政評価シートを作成し，「妥当性」「有効性」「効率性」等の観点から，「A（計画どおり事業を進めることが適当），B（事業の進め方等に改善が必要），C（事業の統合，規模，内容，実施主体の見直しが必要），D（事業の抜本的な見直し，民営化，休・廃止の検討が必要）」の評価を行う。そして，その評価等を踏まえ基本事業執行責任者である課（所）長と各課（所）の主幹級職員が基本事業評価を行い，加えて一部の施策に市民満足度調査を実施し当該評価の補強としている。[5]

(4) 地方公営企業における行政経営評価手法による情報提供の実施状況

地方公営企業法上は，一般会計等のように主要な施策の成果を説明する書類の作成は義務付けられていないが，総務省の「地方公営企業の経営の総点検の実施状況（2009 年 4 月 1 日現在）」によれば，いずれか一つの地方公営企業において経営目標や経営内容等を住民が容易に理解しうる情報提供を行っている団体の割合は，1,847 団体のうち 1,043 団体（都道府県・政令市 65 団体（100 %），市区町村 978 団体（56.5 %））となっており，地方公営企業では一般会計等に比し，経営情報・業績に関する提供は進んでいる状況にあるといえる。[6]

一方，業績測定に係る指標設定に関しては，業績評価手法としてベンチマーク，顧客満足度（CS）調査，バランス・スコアカード等を導入している事業は905 事業で，導入を検討している事業は 359 事業となっている。[7]

【設定される指標】

全国一律の指標ではないが，例えば，下水道普及率，病床稼働率など公営企業ごとに共通する指標や国の決算統計（総務省の地方公営企業年鑑）上の提出データを規準として活用している場合等，全国的に共通する指標に近いものが多い特徴点を有する。

(5) 業績指標のまとめ，指標統一化に向けた研究事例

これまで，業績・成果情報の提供・公表に工夫をしている事例を紹介してき

たところであるが，多くの地方公共団体では業績を評価・分析するような情報を公表せず，単なる実績件数，決算金額，実施時期などの文書的記述など単純なアウトプット情報にとどまっており，予算，計画・目標数値，アウトカム指標，業績評価などの情報は示されていない[8]。

また，開示されていたとしても，イギリスの成果指標のように統一的な指標の開示がなされている訳ではなく，わが国において地方公共団体で実施されている行政評価の多くは，評価指標に関して団体ごとに目標値を設定し，主観的にその達成度を測定している。こうしたことも，このような情報のみでは業績（行政成果）公監査での活用には不十分と思われる。

業績指標の項の最後に，指標の共通化に積極的に取り組んでいる事例を紹介する。

高崎市など86の地方公共団体と総合研究開発機構（事務は局機能を担い，略称「NIRA」という[9]。）は，「都市行政評価ネットワーク会議」を設置・組織し，行政評価の指標は，指標の客観性確保や自治体間比較には共通のベンチマークが必要である提唱し，かかるベンチマークを用いた行政評価のあり方や評価を活用したマネジメントの改善手法などの研究を行っている。NIRAでは，行政評価の問題点として，評価目的の優先順位が付けられないまま制度設計が行われ，また，真に評価が有効な分野に十分な評価が阻害されていること等を指摘し，成果（アウトカム）指標に加えて活動（アウトプット）を積極的活用し補うことなどが必要であると指摘している[10]。

具体的には，24事業を選定し，事業の項目ごとに基本指標・結果指標・成果指標・コスト指標の4つの側面から必要な指標群を測定する体系となっている。指標算定データとしては，例えば，図書館事業では，総人口，図書館数，蔵書・ソフト数，配置職員数，配置職員のうちの司書有資格者数，年間図書等貸出者総数，利用者総数（総入館者数），年間図書等貸出総数，管理運営総事業費を用いて上記4つの指標を算定・評価することとなる。

また，こうしたNIRAの取組みを参考に具体的な指標設定，見直しを実施しているところある。例えば，NIRAに加盟する宮城県岩沼市では，職員のプ

ロジェクトチームによる検討を行い,岩沼市の新総合計画の基本構想「まちづくりへの取組み」の政策を達成する全47施策,160の指標について見直しと,全国の中で当市がどのような水準にあるのか,相対的に把握することができるよう他自治体との相対比較指標を設定している。[11]

このような取組みは,統一指標の志向,アウトカムに加えてアウトプットの指標,コストの経年変化など多角的な分析・評価が可能となる点で有用性が高いものといえる。

2 業績(行政成果)公監査の監査基準と着眼点基準の現状

それでは,業績(行政成果)公監査を実施するに当たり,監査委員監査ではどのような監査の基準を設定しているのか,みていくこととする。

地方公共団体における監査基準は,市,町村では同監査委員の全国的組織ごとに,標準的な監査基準が示されている。[12]これらを参考にあるいは独自に各団体で基準を制定しており,以下には,鳥取県の事例を引用するが,監査基準等が公開されている他団体においても概ね同様の事項が記載されている。[13]

鳥取県監査基準(抜粋)

(目的)
第1条 この基準は,鳥取県監査規程(略)第4条の規定に基づき,監査の実施に関し基本となる事項を定め,もって監査の適正かつ効率的な運営を図ることを目的とする。
(定義)
第2条 この基準において,次の各号に掲げる用語の意義は,当該各号に定めるところによる。
(1) 定期監査 地方自治法(以下「法」という。)第199条第4項に基づく監査をいう。
(2) 行政監査 法第199条第2項に基づく監査をいう。
((3) 以下 略)
(基本方針)
第3条 監査は,県が県民の福祉の増進に努めるとともに,最少の経費で最大の効果を挙げるようにし,また,その組織及び運営の合理化に努めているかどうかに特に意を用いて実施するものとする。
2 監査の実施に当たっては,主として適法性,効率性及び妥当性が保たれているかどうかの観点から,適切な措置,改善等の指導に重点を置いて行うものとする。

(事務局職員の責務)
第4条 事務局の職員は，職責の重大性を認識して自己啓発に心がけ，法令等に精通するとともに，絶えず県政の動向を把握し，あらかじめ監査対象の研究を十分に行って，監査が的確かつ能率的に行えるよう努めなければならない。
(監査の調整等)
第5条 監査の執行計画の策定及び実施に当たっては，個々の監査に有機的な関連を持たせ，総合的な成果が挙がるように調整し又は運用しなければならない。
(合理的基礎の確保)
第6条 監査の実施に当たっては，それぞれの事項ごとにその重要性，多面性等を勘案し，必要な証拠を収集する等，監査結果の合理的な基礎が得られるまで調査しなければならない。
(監査の実施方針)
第7条 監査は，別表第1の左欄に掲げる監査の区分に応じ，それぞれ同表の右欄に掲げる実施方針に準拠して実施するものとする。　＊筆者注1)
(監査着眼点及び監査技術)
第8条 監査は，必要に応じて別表第2に掲げる項目に着目し，適宜に別表第3に掲げる手法を用いて実施するものとする。　＊筆者注2)
(試査による調査の実施)
第9条　第2条第1号から第8号までに掲げる監査の実施に係る調査の方法は，試査によるものとする。ただし，疑義があるときは，試査の範囲を拡大し，必要に応じ精査を行うものとする。
2　試査は，対象を適宜に抽出し，極力広い範囲にわたって行うものとする。
(監査処置基準)
第10条　定期監査，随時監査又は財政的援助団体等監査の結果，適切な措置又は改善を要すると認められるものは，別表第4に掲げる処置基準により処置するものとする。
(監査の結果の取扱い)
第11条　監査の結果に係る文章の表現は，簡潔明瞭に行い，誤解を招くことのないよう留意しなければならない。
(以下，附則等　略)

(注1)：別表の記述は，1定期監査：財務に関する事務の執行が適正かつ効率的に行われているか，また，経営に係る事業の管理が合理的かつ効率的に行われているかどうかを主眼とする。
　　　2　行政監査：事務の執行が適正かつ効率的に行われているかどうかを主眼とする。
(注2)：別表2は下記記載参照，別表3では企業会計審議会設定の旧監査基準で規定されていた，実査・立会・確認などの監査技術が示されている。

　なお，業績（行政成果）公監査に相当する着眼点と思われる事項については，同監査基準の別表で次のように記載されている。

別表2（第8条関係）
監査の着眼点（抜粋）
　7　事務事業の管理
（1）事務事業はその本来の目的に即応して運営管理され，合理化又は能率化が図られているか。
（2）事務事業施設の立地条件はその目的を達成するために適当であるか。

第5章　地方公共団体における業績報告と業績（行政成果）公監査の実施過程

> (3) 一会計年度間に計画された事務事業量は，客観的な諸要請に即応し，かつ，その目的を達成するため必要な量であるか。
> (4) 組織，その他執務体制はその目的達成のため適当であるか。
> ア　相互けん制組織，その他執務体制は合理的に行われているか。
> イ　それぞれの機関に対する職員の配置，内部的組織間の事務事業量に比較して人員の不均衡はないか。
> ウ　監督者及び一般職員は，それぞれ責任の度合に応じて有効かつ合理的な事務を分担処理しているか。
> エ　その他事務処理の手段，方法，環境等の合理化，チームワークによる能率化について配意されているか。
> オ　事務事業はその目的を達成するため計画的に執行され，実績は計画に対し所期の成果をおさめているか。

　鳥取県の事例のように，地方公共団体で設定している監査基準の多くは企業会計審議会の旧監査基準（1991年改訂以前のもの）をベースに作成されており，そのため，民間企業の監査に関する監査技術をそのまま掲載しており，その後は法改正部分以外根幹的な変更は行われていない。また，監査基準の細則または別表として「監査の着眼点」と称する具体的なチェックポイントを公表している団体はほとんど見受けられない。公表されているものについても業績（行政成果）公監査（この場合は，行政監査）全般に共通する着眼点を示しているため，抽象的な記述に留まっている。

　こうした点は，営利企業の公認会計士監査における監査基準は適宜改訂され，監査実務指針，監査研究報告など詳細な規定を有しているものと大きく異なるところである。

　第4章でみたとおり，わが国における監査委員監査の業績（行政成果）公監査では，財務監査（法199条1項及び4項）並びに行政監査（法199条2項）の実施に当たっては，当該地方公共団体が「その事務を処理するに当っては，住民の福祉の増進に努めるとともに，最少の経費で最大の効果を挙げているか」（法2条14項），また，「常に組織及び運営の合理化に努め（同条15項），法令に違反してその事務処理をしていないか（同条16項）」を監査することと規定されている（法199条3項）のみである。したがって，各監査過程の基準化，標

【図表 5-1】 地方公共団体における業績（行政成果）公監査のフレークワーク（試案）

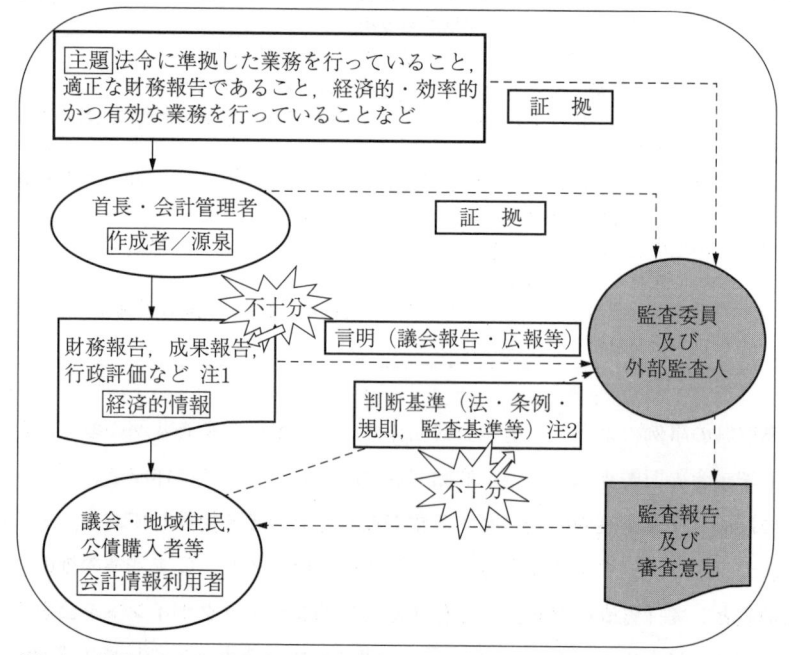

```
 ┌─────────────────────────────┐                    
 │ 主題 法令に準拠した業務を行っていること，│                    
 │ 適正な財務報告であること，経済的・効率的 │  ┌──────┐           
 │ かつ有効な業務を行っていることなど    │  │ 証 拠 │           
 └─────────────┬───────────────┘  └──────┘           
               │                                    
               ▼                                    
      ┌────────────────┐          ┌──────┐           
      │ 首長・会計管理者 │          │ 証 拠 │           
      │  作成者／源泉  │          └──────┘           
      └────────┬───────┘                            
               │      不十分                         ┌─────────┐
               │                                    │ 監査委員 │
      ┌────────▼───────┐ 言明（議会報告・広報等）    │  及 び  │
      │ 財務報告，成果報告，│─────────────────────────▶│外部監査人│
      │ 行政評価など 注1 │                          └─────────┘
      │   経済的情報   │  ┌────────────────┐                  
      └────────┬───────┘  │ 判断基準（法・条例・│                 
               │          │ 規則，監査基準等）注2│                 
               │          └────────────────┘                  
               │                 不十分                       
               │                                    ┌─────────┐
      ┌────────▼───────┐                             │ 監査報告 │
      │ 議会・地域住民， │◀────────────────────────── │  及 び  │
      │ 公債購入者等    │                             │ 審査意見 │
      │  会計情報利用者 │                             └─────────┘
      └────────────────┘                                      
```

（注1）：主題により，報告内容・形式は多様な形式になる。
（注2）：将来的には，公（財務）会計制度の精緻化により財務4表の作 成基準
　　　も決算審査の判断基準となる。また，業績監査には成果 測定・記録・
　　　報告基準の構築も必要である。

準化が本来は必要・不可欠であり，早急にこれらの整備が必要であると考える。

　この点は，前述した総務省の地方行財政検討会議においても地方公共団体監査の課題の一つとして掲げられ，その解決策の進め方について種々意見はあったものの，設定主体の議論まで行われてきたところである。[14)]

　ここで，筆者による地方公共団体における業績（行政成果）公監査のフレームワーク（試案）を，これまでみてきた課題と併せて示すと以下のように捉えることができるものと考えている（**図表 5-1**）。

3　業績（行政成果）公監査の報告書

　これまでみたとおり，地方公共団体における業績（行政成果）公監査に包含される行政監査の実施方法には，①所管別の財務（事務）監査実施時に 3E（経済性，効率性，有効性）の視点で併せて実施する方法，②特定の施策・事業等をテーマに掲げ行政監査として独立して実施する方法，また，①・②を同時に並行実施する方法，また，③施策・事業に関する目標達成度や 3E の視点での評価点を付する形式で実施する方法などがある。

　ここでは，②及び③について，事例として近年の三重県での取組みを通じて紹介することとしたい。なお，以下の報告要旨は筆者が独自に要約表示しているので，詳細は実際の監査報告を参照されたい。[15]

(1)　行政監査（②の方法，2011 年度実施分の事例）テーマ：「県単独補助金について」

- **テーマ選定理由**
  補助金は，…（略）…さまざまな県の政策や施策を推進するうえで重要な役割を担い，近年その種類や形態が広範囲に及んでいることから…（略）…。
- **監査対象**
  主に「事業費補助」，「運営費補助」について，①複数の地域機関で執行しているもの，②補助額が高額なもの，③市町を通じ交付するもので，県民生活に密接に関係するものを中心。
- **監査実施方法**
  選定した補助金について，事前に各監査対象機関に対し，監査調書の提出を求め，その概要を把握するとともに，実地調査等を行い，その結果をふまえ監査を実施した。
- **監査の着眼点**
  ①　補助事業の見直しは適切に行われているか。
  ②　補助金交付要綱，要領等は適正に定められているか。
  ③　補助金交付事務手続，補助事業の遂行状況，実績の確認は適切に行われているか。
  ④　補助事業の効果・成果の確認や検証は行われているか。
  ⑤　地域機関で交付事務等を実施している場合，本庁との協働体制はどうか，

地域機関で差異のない取扱いが確保されているか。
・監査結果の概要
　①　総括意見　補助金のあり方について，①公益性があるか，②制度創設時の目的を達成し，その役割を終えていないか，③県が担う領域であるか，④国等に類似の補助事業はないか，などの視点で継続的に見直しを行うととも…（略）…これまで以上に効果的・効率的なものとなるよう努められたい。さらに，事業終了後も状況確認やフォローアップを継続して実施するなど，補助金の効果・成果の把握に努め…（略）…，以後の施策に反映させるしくみづくりが進められるよう望む。
　②　着眼点別意見　ア.補助制度見直し時期（終期）の設定，イ.交付申請書提出期限の設定，ウ.補助対象経費の明確化，エ.補助事業により取得した財産の管理，オ.交付決定前の事業着手，カ.補助事業等報告書の未提出・遅延，キ.補助事業の履行確認・検査の不十分，ク.補助金の効果・成果把握，成果指標の未設定，ケ.補助事業の効果・成果等を未公表，コ.地域機関への制度周知や指導徹底など

　このように業績（行政成果）公監査に包含される行政監査を単独に実施する多くの地方公共団体では，上述の監査基準・監査の着眼点を具体化し，設定した監査テーマに特化した着眼点を予め想定して施策・事業の経済性，効率性に加えて有効性に関する検証を行っている。

(2)　行政監査「重点事業」（③の方法，2009年度実施分の事例）

ア　行政監査「重点事業」の趣旨・根拠
　　県が進める「重点事業」のうち11重点事業について，目標の達成状況や3E（経済性・効率性・有効性）等の視点から，（略）地方自治法199条2項の規定に基づく行政監査として実施した。
イ　評価項目の設定
　①　目標達成度
　・重点事業全体の数値目標は妥当であるか，実績は目標値を達成しているか。
　・構成事業の事業目標は妥当であるか，実績は目標値を達成しているか。
　②　経済性・効率性・有効性
　・ヒト・モノ・カネ等の行政資源を経済的・効率的に活用しているか。
　・投入した行政資源は有効に活用されたか。
　③　品質十分性
　・ニーズに対し，サービス水準は向上しているか。

・サービスを対象者に適正・公平に提供しているか。
④ 行政活動充実度
・県を取り巻く環境の変化や課題に対応しているか。
・総合行政や「新しい時代の公」の視点で仕事を進めているか。
ウ 評価方法
　　評価は，評価項目ごとに1から5までの評点を付し（目標達成度は2倍），その合計によりa, b, c, dの4段階で行った。
　　a　20〜25　優れた取組がいくつかあり，成果が発揮されている。
　　b　15〜19　取組の成果がおおむね発揮されている。
　　c　10〜14　いくつかの取組において成果が十分とはいえず，改善の余地がある。
　　d　　〜9　取組にさまざまな問題点が散見され，成果があまり見られない。
エ 総合判定の結果
　　今回の対象重点事業の評点合計（満点25）の平均は15.7で，総合判定の結果は，「a」該当なし，「b」9重点事業，「c」2重点事業，「d」該当なし。

　三重県のように，一部の地方公共団体（東京都，福島県など）ではあるが，行政評価・政策評価の結果または実施過程に直接的または間接的に関与し，監査委員による行政監査を実施している事例もある。その手法は，行政評価実施型（監査委員自らが2次評価を行う），行政評価ツール利用型（行政評価の指標等を行政監査に活用する）及び行政評価結果検証型（評価実施結果が適切に行われたかを検証する）などに類型化される。

　こうした行政評価・政策評価を活用した監査手法の確立・拡大していくことも業績（行政成果）公監査の効果的実施に繋がるものと考えられることを付言したい。

＊小　　　括——地方公共団体における業績（行政成果）公監査の発展＊

　最後に，4章及び5章において検討してきた地方公共団体における業績（行政成果）公監査のまとめとして，実施上の各監査過程（プロセス）の意義・必要性を，第3章の「3-5．業績（行政成果）公監査プロセスとQCチェックリストマニュアル」の主要なチェック項目に沿って示すと（**図表5-2**）のようになる。

【図表5-2】 業績(行政成果)公監査の各過程・QCチェック項目と,その検証等の意義・必要性

業績(行政成果)公監査過程とQCチェック項目			公監査人による地方公共団体の業績(行政成果)公監査過程の検証等の意義・必要性
(ステージ1) 業績方針の法的根拠の確証化の段階			
1	首長マニュフェストの有無		首長の公表するマニュフェストまたは公約を把握・分析し,首長の自治体運営の基本姿勢を理解する。この事がマニュフェストを具体化する政策・施策等の監査判断に有用である。
2	立法府の政策決定方針(達成目標)の明確化		マニュフェスト実現に向けて政策を決定する方針は,中長期のスパンとしては中期計画,単年度では予算関連資料などとして示される。また,地域行政サービス計画など政策別の複数年次計画も明示される。これらの分析・吟味は業績指標設定・導出の背景の理解に有用である。
3	業績目標管理方針の明確化		行政経営としての側面から,政策・施策・事業に関する業績(財務・非財務)管理の方針がどのように明示されているか,また,その方針が妥当であるか確認を行う必要がある。
4	根拠条文(法規準拠性)		各施策・事業を行う際の根拠法令,当該地方公共団体の条例・規則・要綱などを確認し,施策・事業の立法趣旨や活動の法規準拠性基準を確認する。
(ステージ2) 目標達成の管理システムと具体的な指標・コスト指標の確証化の段階			
5	目標業績管理のシステムの確証		例えば中期目標,中期計画の策定に当たり,目標指標の設定,業績達成状況に関する指標の集計等,政策・施策・事業毎の当該目標・計画の目標管理システムの存在と運用を確認する。
6	目標業績指標	(1) 経済性	経済性とは,最少のコストで適切な量及び質の資源を獲得することをいい(インプットの関係),例えば,必要以上に高価な物品等の購入は経済性に反する。
		(2) 効率性	効率性とは,一定の成果を最少の支出で獲得すること,または,一定の支出から最大の効果を生み出すことをいい,例えば,必要以上に物品等を使用することは効率性に反する。

第 5 章　地方公共団体における業績報告と業績（行政成果）公監査の実施過程

6	目標業績指標	(3) 有効性（結果＝output）	有効性とは，一定の支出による期待される結果（アウトプット），成果（アウトカム）の達成度合いをいう。例えば，利用者の少ない公共設備等をいくら経済的に建設しても有効性があるとはいえないことになる。なお，(3) は短期，(4) は中期，(5) は長期のスパンで捉えていく必要がある。「道路整備」の例で示すと，(3) 整備延長・整備率の実績を目標・計画値と比較しアウトプットとして業績を測定し，(4) 整備による渋滞緩和時間・事故回避・環境改善等の成果（アウトカム）として捉え，(5) 道路整備のルートや，手法について代替案とそのプロセスとその影響 16 を吟味する。
		(4) 有効性（成果＝outcome）	
		(5) 有効性（代替案，代替コースのレイアウト）	
		(6) 公平性・倫理性	業績（行政成果）公監査において 3E から 5E へと発展が求められる中で，行政サービスの公平性と倫理性の適用指標が明示されているか確認を行う。
		(7) 短・中・長期インパクト	目標業績指標の中で，短・中・長期的影響度の指標がどのように明示されているか確認する。
7	ベンチマーク・標準（スタンダード）指標（クリアリング・ハウス化）		業績・成果報告の考察の際にも記述したが，業績（行政成果）公監査の実施に当たっては，その指標の一つとして，例えば，全国標準値，同種規模・近隣団体の実績値と当該団体の指標との比較など，ベンチマーク等となるべき指標が有用となる。
8	コスト指標（フルコスト，共通原価の配分）		コスト指標は直接費だけでなく，ABC 計算等を用いて間接費や人件費を含むフルコストで把握する必要があり，当該原価計算の適正性を検証しておく。機会原価が有用なケースもある。
9	コスト効率性・有効性		効率性，有効性に関する施策・事業の業績判断のなかで，特にコスト面での視点は重要である。このため，上記コスト指標を用いて効率性，有効性の積算を検証しておく必要がある。
10	業績意図の確認		設定された業績指標の検証に当たって，施策・事業に関連する法規の立法趣旨・意図の理解・解釈は不可欠であるため，確認する。
11	業績準拠性・評価判断の重要性水準		結果報告，改善勧告報告，開示に関する重要性基準の設定状況を確認する。
12	測度・指標の妥当性・適切性水準		業績（行政成果）を測定するに際し，測度・指標の水準がその成果を示すという目的のために合理的であるか，妥当かつ適切であるかを確認する。

13	測度・指標の事前監査手続	測度・指標の導出プロセスを検証し，その測度・指標の設定，成果測定方法等が理論的・客観的であるか，測定結果の正確性確保のための手続・チェックシステム等を事前に確認する。
(ステージ3)	業績公監査証拠の説得性・理論性の確証化の段階	
14	業績証拠の証明力・立証性	業績測定証明の根拠として，証拠力の強弱，信憑性を捉えておく必要がある。
(ステージ4)	目標業績の法的根拠の確証化の段階	
15	業績の法規準拠性の検証	業績（行政成果）公監査として，3E～5Eの法規準拠性を確認する。
16	業績計画・実施・報告・フォローアップの法規準拠性	業績計画・実施・報告・フォローアップという一連のPDCAサイクルが円滑かつ実効性をもって遂行されるためには，それぞれのプロセスにおける規則・マニュアル等のルールが設定され，それに準拠して行われていることを確認する必要がある。
(ステージ5)	目標業績達成の実行計画―実施過程―評価過程―報告書作成過程の確証化の段階	
17	業績（行政）成果計画書の作成の有無	業績目標達成の計画書を作成し，進捗管理を確実に行う必要がある。例えば個々具体の事業の予算書・関連書類への明示もその一つである。
18	目標実施プロセス（工程表）の公表の有無	業績成果計画書を具体的に実施するプロセスを構築・明示することが必要である。例えば予算要求（積算）書類上に目標達成のスケジュール，行事予定等を示すことも実施プロセスの進捗に有用である。これらが存在しない場合，業績達成に向けたプロセス管理が脆弱と考えられる。
19	業績（行政）成果測定プロセス（マニュアル）設定の有無	目標として設定した指標について，誰が測定しても同じ集計結果が算出されるような測定プロセスを構築する必要がある。そのため，成果測定手続のルール化・マニュアル化の整備状況を検証する必要がある。また，成果統括部署を設置し，正確なチェックの仕組みを構築することが肝要である。このように業績（行政成果）公監査の前提として，業績管理統制が求められる。
20	業績（行政）成果評価プロセス（PDCA）設定の有無	成果測定の結果と，（事前設定した）目標との対比，分析・評価を行うシステムを構築する必要がある。なお，構築されていない場合にはPDCAサイクルが不十分なものになることが懸念されるので，公監査人が改善・見直し事項の一つとして言及することもありうる。

第5章　地方公共団体における業績報告と業績(行政成果)公監査の実施過程

21	業績(行政成果)報告書(年次)の公表の有無	施策・事業に関する「中期計画の目標と実績の年次別比較資料」、「年次(業績)報告書」の作成と公表や、行政評価の結果報告書、業績成果の決算関連書類(例、自治法:主要な成果を説明する書類)等への的確な明示・公表が行われているかを確認する。アメリカでは「SEA(サービス提供の努力と成果に関する)報告書」が作成されている。業績成果の報告書は単に執行機関が公表するのみでなく、自己評価、統括部署の評価、第三者評価(外部専門家、地域住民からの意見聴取を含む)が必要である。
22	プログラム環境、オペレーション環境の評定	当該行政サービスに関する法的整備の状況・国・類似団体等の取組状況、当該団体の財政状況・実施体制(組織・機構等)など内外の環境、リスク等を評定しておく必要がある。
23	政策決定過程の報告書の公表の有無	様々な政策決定は首長の政策案公表、住民の意見集約・反映、議会での審議を経て行われるが、一連のプロセス公表は目標と業績成果の理解に重要であるから公表の状況を確認する。
24	業績成果指標の重要性水準の明示	政策・施策の達成状況を示すために直接的かつ重要な業績成果指標と、付随する関連指標があるが、監査結果の全体的意見形成に必要であるので重要性水準の明示状況を確認する。
(ステージ6)　行政側の業績管理リスクへの対応の確証化の段階		
25	マネジメントリスクの認識(業績管理統制)水準	業績管理活動を阻害するリスクの洗い出しとそのリスクを低減させるための対応が、成果を挙げる重要なポイントとなる。こうした点で十分な対応が行われていない場合には、公監査人はその状況についても分析・言及していく必要がある。
26	リスク低減対応策の明確化	
(ステージ7)　公監査対象業績の特定化と対応の監査手続・収集すべき証拠資料の確証化の段階		
27	業績成果報告書の公監査の目的	公監査人は、業績(行政成果)公監査の目的(保証水準)を特定・決定し、監査手続の適用方針などを定める。
28	目的水準の予備調査	業績(行政成果)公監査の目的(保証水準)の特定・決定に当たっては予備調査を実施する必要がある。その際、市民・納税者の当該公監査に対する役割期待の度合いについても評価・斟酌することが求められる。
29	業績公監査目的の公共の利益性の評価	
30	組織的公監査手続の実施体制	業績(行政成果)公監査の実施に当たっては、業績(行政成果)を示す測度・指標結果の検証に必要となる当該分野ごとの専門性を有するスタッフを組織し、必要な監査技術・手続を事前に開発・集積しておくことが求められる。
31	業績公監査技術・手続の開発体制	

32	業績（行政成果）公監査手続・証拠	① 効率性（経済性）の検証（インプット・アウトプット）	一例として，契約方法（入札手続，契約者決定プロセス，競争性など）の妥当性チェック，発注方法（期間・場所・業務範囲，これらの分割・一括発注など）のチェックにより，施策・事業実施に係る投入ベースの効率性，経済性の検証を行う。
		② 有効性の検証（アウトカム，インフルエンス）	一例として，整備・購入後に未利用あるいは低利用の施設・設備の指標，地域住民の参加・利用状況の指標，人的・物的コスト投入に対する成果（量），利用者満足度（質）の指標など成果指標に関する確認の監査を行い，アウトカム，代替案の検証を行う。
		③ 公平性・倫理性の検証	行政サービス提供の公平性，行政諸活動の倫理性について，設定可能な業績指標を選びながら，検討・評価を行っていく。
		④ コスト効率性・有効性の検証（機会費用）	行政コスト計算書の算定，原価計算（フルコスト；人件費・間接費の算入状況含む）の分析・検証を行う。こうしたコスト情報の適正性が，費用対効果分析など業績測定等の前提となる。
		⑤ フル・ネット・トータルコストの識別と算定根拠	フルコスト・ネットコスト・トータルコストの違いを認識し，それぞれの費用項目を過不足なく集計しているか，その明細や算定根拠が明確かつ正確であるかを確認する。
		⑥ 代替コースのレイアウトの明確化	行政サービスの代替案の提示・選択について，各案に策定した指標に基づいて検証する。
		⑦ 適用プロセスの明確化	行政サービスの提供について，計画（事前）・実施・結果集約（事後）の各プロセスを検証する。
33	業績成果報告書作成マニュアルの検証		業績成果報告書の作成に当たり，その作成マニュアルが適切に整備されているか，かつマニュアルに則って運用されているかを確認する。
34	業績（行政成果）公監査手続上の留意点の明確化		監査手続き上，例えば，保証水準の明示，保有機器の利用状況・管理体制，遊休資産，未収金，不納欠損等，個人情報保護，苦情報告，業績（行政成果）公監査証拠の類型と信頼性の測定，業績管理統制の評価，公監査調書の完全性と証拠能力などに留意する必要がある。
35	業績公監査の事前・継続中・事後的適用の合理性		業績（行政成果）公監査は当該施策・事業が全て完了した時点で実施するものではなく，事前・継続（実施）中といった時点においても行う必要があるため，実施時点に応じて結果・効果が異なることに留意し，適時・合理的に実施する。

第5章　地方公共団体における業績報告と業績（行政成果）公監査の実施過程

36	業績公監査の証拠の合理性・説得性の判定	業績（行政成果）公監査の結果導出に際しては，他の公監査である法規準拠性監査・財務報告監査等に比して，被監査部門に対する納得性が求められる。したがって，その入手する証拠について合理性・説得性の評価を着実に行うことが重要である。また，こうした証拠・結果に基づいて業績成果の包括的・理論的評価を行うことになる。
37	業績成果の包括的評価	
（ステージ8）	業績公監査報告書の作成・審査プロセスの確証化の段階	
38	業績（行政成果）公監査報告（利用者・利用目的）の作成プロセス	業績（行政成果）公監査の結果を示す報告書として，地域住民及び被監査部門（執行機関側）にとって明瞭かつ納得性のある記述が求められる。何故なら業績（行政成果）公監査では目標業績指標の監査手続を行うという性格を有することから，公監査人の結論形成の根拠明示が重要となる。また，利用者にとって，指摘事項（法199条9項，是正・改善事項）と結果に添えて提出する意見（同条10項，今後の行政運営の参考に資する意見）の明確な区分が必要である。併せて，業績（行政成果）公監査の非準拠性報告，業績測定の品質報告も求められる。
39	業績（行政成果）公監査非準拠性報告の明示	
40	業績（行政成果）公監査報告書の保証水準の明示	業績（行政成果）公監査報告書の作成に当たり，報告書の冒頭に当該監査の保証水準及び限界を市民・納税者に分かりやすく明示・表示することにより，誤解を避けるように努めなければならない。
41	業績（行政成果）公監査報告書の限界表示	
42	業績（行政成果）公監査の建設的勧告事項の明確化	公監査人は業績（行政成果）公監査の実施を通じて，監査結果として公監査人が発見し改善勧告事項が記載する必要があると判断することがある。こうした場合，業績（行政成果）公監査報告書には，公監査人は，監査結果，建設的勧告事項，意見等を明確に区分して掲載するとともに，論理性・説得性をもって言及しなければならない。また，政策・価値判断に関する有効性意見の境界判断基準を予め設定し，明確に示さなければならない。
43	業績（行政成果）公監査意見の説明の論理性・説得性	
44	政策の功罪，価値判断の境界基準の明確性	
（ステージ9）	業績公監査による非準拠性結果の報告の確証化の段階	
45	行政府の措置状況（改善勧告）	業績（行政成果）公監査報告等を受けた執行機関が，各指摘事項等に対し，改善・見直しを図るシステムの定着，結果のフォローアップする仕組の存在が必要である。財務報告監査と比して，業績（行政成果）公監査は措置の方法に多様性があり，措置完了に日時を要することから確実に改善・見直しがなされる手順を定めることが重要となる。

46		結果公表の有無	業績（行政成果）公監査報告等は適時に作成・公表され，かつ，公表に関する周知と地域住民が容易にアクセス可能な手段を講じる必要がある。
（ステージ 10） 公監査人の独立性・適格性の確証化の段階			
47	公監査人の適格性	独立性の判定	当該団体と利害関係のないことが求められる。公監査人の意見表明が被監査部門から影響を受けていない公監査人であるという信頼が公監査報告書の信頼性に繋がる。
		適格性の判定	公認会計士等の職業プロフェッショナル，当該施策・事業に関する専門家などが，公監査人として適格性があると考える。特に財務報告監査と異なり，業績（行政成果）公監査では業務の 3E の視点で指標，成果の検証を行っていくことから，各々の施策・事業分野に精通した多様な人材を公監査人の構成員としておくことが，被監査部門の納得性を得ることに繋がる。
48		他の専門家の利用の妥当性	業績（行政成果）公監査では，他の公監査である法規準拠性監査・財務報告監査等に比して，各行政分野に関する専門知識が求められるため，監査手続を実施するなかで他の専門家の見解を必要とする場面が想定されるが，その際活用水準・妥当性を公監査人は自ら吟味することが求められる。
49		公監査人の業績公監査の正当な注意の評価	公監査人は，業績（行政成果）公監査の実施に当たり，被監査部門から作成・提出を受けた資料の分析，質問等の監査手続など，各監査実施プロセスにおいて職業的懐疑心をもって実施しなければならない。
（ステージ 11） 公監査の QC プロセスの確証化の段階			
50		品質管理（内部・外部 QC）プロセスの妥当性	業績（行政成果）公監査の品質を保つためには，業績（行政成果）公監査報告等に対する外部機関，内部組織によるレビューが必要である。
（ステージ 12） 立法府の処置の確証化の段階			
51		立法府の審議（決算・予算）・措置状況の評定	厳しい財政状況，人員体制の中で実施している成果報告や評価・監査であることから，形骸化することなく，執行機関の作成する一連の業績成果報告書や，業績（行政成果）公監査報告書が予算・決算議会での審議に有効活用される必要がある。

第5章　地方公共団体における業績報告と業績（行政成果）公監査の実施過程

（ステージ 13）　業績（行政成果）公監査の結果による財務・財源システムの確証化の段階		
52	財務管理システム（財務・財源）設定の評定	目標達成のために施策・事業が進捗するには，当然毎年度の財源措置が大きく影響する。各団体は国の補助制度・交付税・地方債制度・税源移譲・県市町村間の事務移管等外生的な要因や，自主財源である住民税・固定資産税等の見通しにも留意する必要がある。このため，財源管理（補助金申請，公債発行等）など，当該機関のファイナンスシステムの構築が必要である。
（ステージ 14）　事後的評価・格付の確証化の段階		
53	評価・格付の有無とその評定	成果報告の公表と，これと併せて成果報告に信頼性を付与する業績監査報告の公表が，地方公共団体の公開度を高め，ランキング（格付）への反映に貢献することとなる。
（ステージ 15）　業績（行政成果）公監査結果に対するインセンティブ付与及び責任の確証化の段階		
54	インセンティブの妥当性／責任の明確化の妥当性	3Eの視点に資する事業実施により，成果達成した事業・所属は予算上あるいは人的な優先度が相対的に高まる，インセンティブとなるような仕組みが必要である。そうでないと経済性等追及の意欲を阻害することになる。逆に経済性・効率性の欠如が見受けられる場合は，次期以降の予算削減（補助金返還）が行われることになる。さらに，有効性の欠如に対しては，事業見直し・打切り等施策・事業実施者に対し，責任追及がなされるなど厳しい仕組みが求められる。
55	ペナルティの履行の合法性・準拠性	

注）「業績（行政成果）公監査過程と QC チェック項目」の各項目については，3章 5 の 55 項目（2013 年 1 月鈴木豊作成）を引用した。

　以上の全てのプロセスに関する業績・成果情報が各地方公共団体の執行機関側で主体的に収集・調査し，適時適切に業績（行政成果）公監査人及び地域住民に提供・開示され，業績（行政成果）公監査人及び補助者たる事務局職員がこれらの情報を活用できる能力を有し，漏れなく正当な注意を持って監査過程に活用できることが業績（行政成果）公監査の理想の将来像であり，目指すべき発展過程であるといえよう。

【注】
 1) 松本英昭（2007），『新版逐条地方自治法〈第 4 次改訂版〉』学陽書房, p. 788.

なお，行政実例（昭和31年9月28日）によると，当該主要な施策の成果を説明する書類は，監査委員の決算審査の対象とはならないものとされている。
2)　東京都（2010）『平成21年度「主要施策の成果」について』，pp. 14-15.（東京都財務局ホームページ，〈http://www.zaimu.metro.tokyo.jp/syukei1/20100921syuyousisakunoseika［1］.pdf〉，accessed　2010/10/15）。
3)　岩手県（2009）『平成20年度主要施策の成果に関する説明書・岩手県総合計画実施状況報告書』（岩手県ホームページ，〈http://www.pref.iwate.jp/view.rbz?cd=21430〉，accessed2010/06/01）岩手県（2009）pp. 2-32.
4)　秩父市（2010）『平成21年度主要な施策の成果報告書』（秩父市ホームページ，http://www.city.chichibu.lg.jp/item4406.html〉，accessed　2010/09/15）。
5)　秩父市での評価は同市職員が行う，いわゆる内部評価であるが，職員が行政評価を行うことはそれぞれの事務事業の背景を理解した上での有意義な意見が交わされる利点があるとして容認する見解もあるが，筆者は行政評価の外部性・客観性の観点から少なからず課題があると考える。
6)　総務省（2009）『地方公営企業の経営の総点検の実施状況（平成21年4月1日現在調査）』「2調査結果（3）情報提供の実施状況」（総務省ホームページ，〈http://www.soumu.go.jp/menu_news/s-news/22902.html〉，accessed　2010/03/01）。
7)　総務省の同調査は2009年4月1日現在であり，地方公営企業年鑑（総務省・自治財政局編（2009））によると，2008年度決算時点の地方公営企業全体数は9,096事業（うち都道府県・政令市は600事業）であるから導入状況は約1割といえる。
8)　規模を問わず地方公共団体の多くは，「主要な施策の成果」に関する報告は分析なく実績値（決算データ）の記述に留まっている（奈良県（2008）など）。このほか，山梨県（2009）も決算数値を主要施策の成果として公表（併せて総合計画の実施状況を兼ねているが）している。
9)　NIRA型ベンチマークは，米国で自治体間の相互データ比較を実際に行っている専門組織である「ICMA（International City/County Management Association）・業績測定センター」の比較業績測定の活動等を参考にNIRAが設計した業績評価指標体系である。詳細は，総合研究開発機構（2009）『NIRA型ベンチマーク・モデルとは』を参照されたい。なお，2009年3月，NIRAは財団法人化に伴い同会議から退会している。
10)　総合研究開発機構（2005）『政策形成支援のための政策評価　―NIRA型政策評価モデルの提言―』総合研究開発機構 p. 7.
11)　岩沼市（2009）『岩沼市の行政評価について』「5 岩沼市の行政評価システム概要」（岩沼市ホームページ，〈http://www.city.iwanuma.miyagi.jp/kakuka/011000/011004/gyoukakusitu.htm〉，accessed 2009/04/01）。
12)　全国都市監査委員会の都市監査基準準則については小関勇・柳田清治（2007,

第 5 章　地方公共団体における業績報告と業績（行政成果）公監査の実施過程

『公監査・私監査』，東京経済情報出版，pp. 231-240）を，全国町村監査委員協議会の標準町村監査基準については全国町村監査委員協議会編（2007，『監査必携』〈第 2 版〉，第一法規）をそれぞれ参照のこと。
13)　鳥取県監査委員事務局（2011）『監査事務提要（平成 23 年 4 月）』（鳥取県ホームページ，〈http://www.pref.tottori.lg.jp/dd.aspx?menuid=81602〉，accessed 2011/12/1）。なお，各都道府県及び政令指定都市のホームページを検索して，筆者が確認できた監査基準等は，青森県，山形県，福島県，静岡県，大阪府，鳥取県，高知県，札幌市，静岡市及び新潟市のみであった（2011 年 11 月末現在）。
14)　地方行財政検討会議「地方自治法抜本改正についての考え方（平成 22 年）」（2010 年 1 月 26 日）参照のこと。
15)　三重県監査委員事務局（2011）『平成 23 年度行政監査の結果』（三重県ホームページ，〈http://www.pref.mie.lg.jp/TOPICS/201110028220.pdf〉，accessed 2011/12/01）。
16)　鈴木豊（2011a），「業績（行政成果）公監査の展開」，『税経通信』，Vol. 66, No. 12，10 月号，p. 24.（図表 9，公監査 10 段階の 9 段階）。

【参考文献】
（1）　東京都（2010）『平成 21 年度「主要施策の成果」について』
（2）　松本英昭（2007），『新版逐条地方自治法〈第 4 次改訂版〉』学陽書房
（3）　総合研究開発機構（2005）『政策形成支援のための政策評価　―NIRA 型政策評価モデルの提言―』総合研究開発機構
（4）　小関勇・柳田清治（2007），『公監査・私監査』，東京経済情報出版
（5）　全国町村監査委員協議会編（2007），『監査必携』〈第 2 版〉，第一法規
（6）　鈴木豊（2011a），「業績（行政成果）公監査の展開」，『税経通信』，Vol. 66, No. 12，10 月号
（7）　地方行財政検討会議「地方自治法抜本改正についての考え方（平成 22 年）」（2010 年 1 月 26 日）
（8）　三重県監査委員事務局（2011）『平成 23 年度行政監査の結果』

（第 5 章担当　林　賢是）

第6章

国際公会計基準における業績報告書並びに独立行政法人に係る公監査

＊プローグ＊
1 国際公会計基準（IPSAS）
2 独立行政法人等の制度及び公監査
＊小　　括＊

＊プロローグ＊

　業績（行政成果）公監査における業績報告書の重要性については，すでに前章までで述べられている。本章では，国際公会計基準審議会IPSASBが公表した「業績報告書」に関するコンサルテーション・ペーパーの概要とともに，わが国の業績（行政成果）公監査のうち，初めて公的部門に対して公認会計士による財務諸表監査が法定された独立行政法人等（本章では，国立大学法人及び地方独立行政法人も含む。）の業績（行政成果）公監査上の課題を検討していくこととする。

1　国際公会計基準（IPSAS）

(1)　IPSASの特徴

　わが国では，行財政改革の一環として，国民・納税者に財政の運営状況及び財政状態を適切に示す財務諸表を提供する公会計制度改革が行われている。特に，財務情報のディスクローズにより広範な情報を提供できる発生主義的観点を取り入れる公会計改革にあたっては，公会計基準を設定している所管官庁ごとに，国際会計士連盟・国際公会計基準審議会（IFAC・International Public Sector Accounting Standards Board）が策定した国際公会計基準（International Public Sector Accounting Standards，以下「IPSAS」という。）を参考にしている。

　現在，IPSASBがIPSASを設定するに当たっては，「IASB文書のレビューと修正プロセス」に基づき，公的セクターでも適切である限り，国際会計基準審議会IASBが公表するIFRSとの整合性を保ちながらIPSASを開発している。一方で，IPSASBは，IFRSをベースにしたIPSASの設定のほか，IFRSで扱われない公的部門特有の問題として，例えば，社会政策債務，非交換取引，文化資産などを検討している。

なお，基準のヒエラルキーとして，IPSAS の策定にあたり基準の多くは IFRS をベースにしているが，IPSAS で定められていない事項や経済取引があっても IFRS に戻り処理することはない。

公的部門特有の IPSAS を開発する理由は，公的部門の組織や目的などの特徴の多くは企業とは異なることに起因する。公的主体の目的の多くは，利益を生むことよりも財貨・サービスの提供することにある。そしてその財貨・サービスの提供においても，自発的に等価の価値の交換が行われない。政府等の収益の財源は法律等に基づいた強制的に徴収される税である。また，提供される財貨・サービスも競争市場メカニズムが働かない。仮に公的部門のうち交換取引が行われたとしても，全体としては非常に少ないものであることが多い。そのように，公的部門が提供する財貨・サービスと非自発的に税収等との対応が間接的・長期的であり，公共財であるために受益者負担が困難であることが挙げられる。

また，報告主体概念が，資本等による支配従属関係にはなく不明確であり，政府の財務報告は議会に対する行政の説明責任を果たす観点から，財務報告と予算管理・業績評価との連係が必要になる。

発生主義が提供する情報は，将来の予測が可能となり，一定の持続可能性を前提に，利用者が評価するのに役立つ情報を提供する。企業の財務報告では，利用者が財務情報から将来のキャッシュ・フローを予測し，企業価値を推定することとなるが，公的部門の財務報告では，将来のサービス提供能力を評価し，政策決定に反映させることとなる。

そして，そのような公的部門の特徴は，IPSASB が設定する IPSAS に対して，直接的または間接的に影響を与えることとなる（図表 6-1）。

(2) 一般目的財務報告

現在，IPSASB では概念フレームワークを①「財務報告の目的，範囲，質的特徴」，②「財務諸表の構成要素と認識」，③「資産及び負債の測定」，④「表示と開示」の4つにフェーズ分けして策定している。フェーズ1で検討してい

【図表6-1】 IFRS（国際財務報告基準）とIPSAS（国際公会計基準）の適用範囲

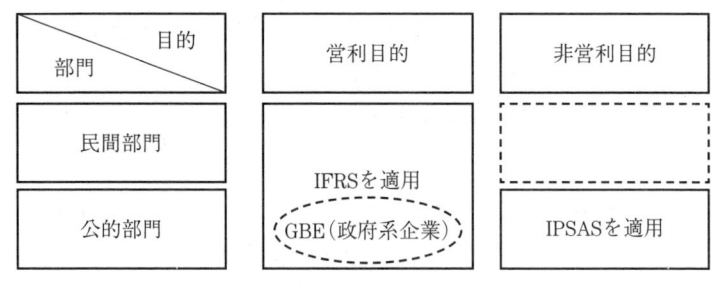

目的 部門	営利目的	非営利目的
民間部門		
公的部門	IFRSを適用 GBE（政府系企業）	IPSASを適用

➤ IFRS：概念フレームワークあり。IASB（国際会計基準審議会）とFASB（米国の財務会計基準審議会）との共同プロジェクトで見直し中。
➤ IPSAS：概念フレームワークなし。IPSASB（国際公会計基準審議会）と各国のNSS（会計基準設定主体）で策定中。

る財務報告の範囲は伝統的な財務諸表を超えた将来情報や定性的・非財務的な情報の開示を含めて「財務報告」を捉える方向で進んでいる。

具体的には，財務報告の範囲は，①報告日現在における経営資源と請求権，②報告期間中の経営資源と請求権を変化させる取引の影響（キャッシュ・フローと財務業績を含む），③法規または予算に対する準拠性，④サービス提供目的の達成度，⑤将来のサービス提供活動・目的と，活動をサポートするために必要な資源についての財務情報及び非財務情報とされている。それに対して，IASBの概念フレームワークは，①報告日現在における経営資源と請求権，②報告期間中の経営資源と請求権を変化させる取引の影響，③経営陣の説明である。

既にIPSASBでは，伝統的な財務諸表の枠組みを超えたプロジェクト「長期財政持続可能性報告」，「文書による報告[1)]」，「サービス達成度の報告」などを開始しており，概念フレームワークは，それらのプロジェクトの方向性に対して大きな指針を与えるものになる。

表に記載のとおり，公的部門の主体の一般目的財務報告は，一般目的財務諸表（その注記を含む）を含むが，一層包括的であることがわかる（**図表6-2**）。

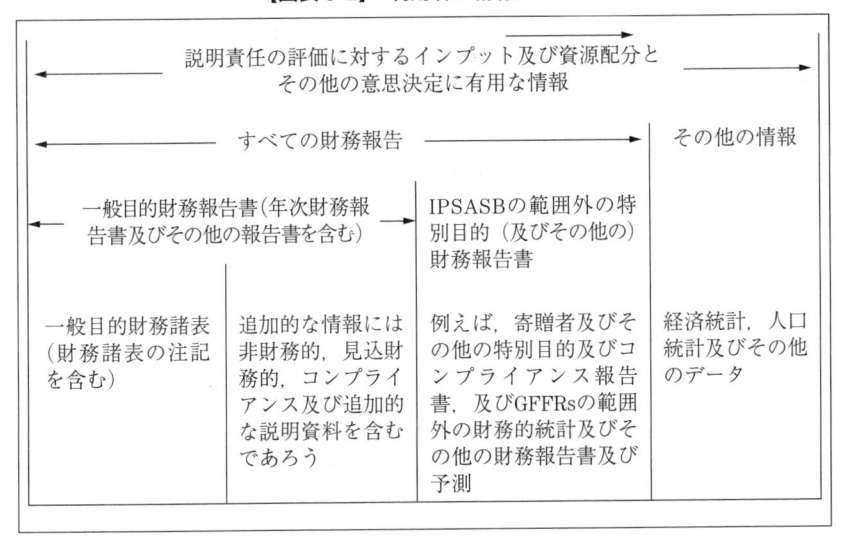

【図表6-2】 利用者の情報ニーズ

すべての財務報告			その他の情報
説明責任の評価に対するインプット及び資源配分とその他の意思決定に有用な情報			
一般目的財務報告書（年次財務報告書及びその他の報告書を含む）		IPSASBの範囲外の特別目的（及びその他の）財務報告書	
一般目的財務諸表（財務諸表の注記を含む）	追加的な情報には非財務的，見込財務的，コンプライアンス及び追加的な説明資料を含むであろう	例えば，寄贈者及びその他の特別目的及びコンプライアンス報告書，及びGFFRsの範囲外の財務的統計及びその他の財務報告書及び予測	経済統計，人口統計及びその他のデータ

(注)：IPSASB概念フレームワークより抜粋

(3) IPSASB サービス業績情報報告

　一般目的財務報告は，公的部門の主体の透明性のある財務報告の中核となるものである。IPSASB は，「サービス業績情報報告（Reporting Service Performance Information）」のコンサルテーション・ペーパーを 2011 年 10 月に公表した。同コンサルテーション・ペーパーでは，一般目的財務報告の一部として含め，公的部門の主体による財務報告の目的を達成するために必要であるとしている。なお，IPSASB では，IFRS とのコンバージェンスを図るだけではなく，各国基準との整合性を取るようにしている。つまり，今回の IPSASB コンサルテーション・ペーパーにおいても，アメリカ政府会計基準審議会 GASB との連係が図られており，GASB の「SEA 報告」が参考にされている。[2]

　IPSASB では，「公的部門の主体は，利用者（サービス受領者及びその代表者，または資源の提供者及びその代表者）に対して公的に説明責任を有し，利用者の意思決定目的で有用な情報を提供する責任を有している」とする。また，「公

的部門の主体がどのように効率的に，かつ効果的にサービスを提供するために資源を使用し，それらの目的を達成しているかを評価するに当たって，サービス業績情報は，一般目的財務報告書枠内にあり，公的説明責任を果たす上で重要な役割を担う」としている。

　公的部門の主体は，納税者や利用者（サービス受領者等）に対して公的に説明責任を有し，納税者や利用者の意思決定目的で有用な情報を提供する責任を有している。サービス業績情報は，公的部門の主体が効率的かつ効果的にサービスを提供するための資源使用状況に加え，目的を達成しているかを評価するに当たって，納税者や利用者の理解を促進する。サービス業績情報は，一般目的財務報告の枠内にあり，公的説明責任を果たす上で重要な役割を担っている。

　公的部門の一般目的財務報告は，説明責任及び意思決定目的による情報が必要なサービス受領者，資源提供者及びそれらの代表者の情報ニーズに応えるために策定されている。一般目的財務諸表にとどまらず，当報告期間における財務及びサービス提供の目的の達成度，予測される将来のサービス提供活動，資源のニーズについての財務的及び非財務的，定量的及び定性的な情報を含めて，利用者に有用な過去，現在，及び将来の情報を業績報告にまとめ報告する。

　公的部門の主体は利益を生成することなく財貨及びサービスを提供する。したがって，サービス業績情報のニーズは，公的部門の説明責任と意思決定上有用であるだけではなく，質的特性として目的適合性を持つと考えられる。公的に説明責任を果たすためには，公的部門の主体が，活動及び目的を達成するための努力の結果についての説明しなければならない。そのため，(a) 財務資源，(b) 法的な要求を満たし，サービスの効率と効果をあげていること，(c) 提供サービスのレベルと使用する資源の説明を行う義務を，サービス業績情報を開示することで果たす必要がある。

　IPSASB では以下の用語を定義している（**図表 6-3，4**）。

　IPSAS の検討するサービス業績情報に含まれる情報はおおよそ以下になる。

① **公的部門の主体が達成すべき目的に関する情報**

　公的部門の達成すべき目的に関する情報は，(a) なぜサービスが提供されて

【図表6-3】 サービス業績情報のための仮定義

用語	仮定義	例示
①目的	目的とは報告主体が達成しようとする結果の表明である。	はしかに感染する比率を減少させることによって幼児の健康を改善すること。
②業績指標	業績指標とは，サービスが目的を達成し又資源を使用した程度を説明する定量的又は定性的な測定基準である。	インプット，アウトプット，アウトカム，効率指標，及び効果指標についての以下の例示の通りである。
③インプット	インプットとは，その目的を実行するに当たってアウトプットを生み出すために使用される報告主体の資源である。	はしかに備えて幼児に予防接種を行うための支出。
④アウトプット	アウトプットとは，他者に対する移転も含めて，その目的を実行するに当たって報告主体によって提供される財貨及びサービスである。	はしかに備えて予防接種された幼児集団合計の比率。
⑤アウトカム	アウトカムとは，報告主体の目的を実行する上でのアウトプットのインパクトである。	はしかに感染する幼児の比率の減少。
⑥効率指標	効率指標とは，インプットとアウトプットの関連性の測定基準である。	はしかに備えて予防接種された幼児当たりのコスト。
⑦効果指標	効果指標とは，アウトプットとアウトカムの関連性の測定基準である。	はしかに感染したはしかに備えて予防接種をした幼児の割合。

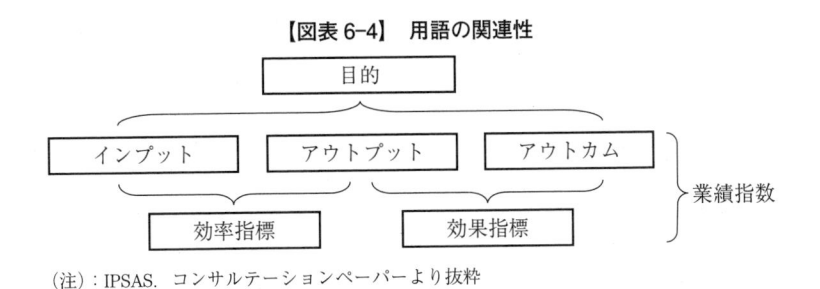

（注）：IPSAS．コンサルテーションペーパーより抜粋

【図表6-4】 用語の関連性

```
                    目的
         ┌───────────┼───────────┐
    インプット      アウトプット     アウトカム     ┐
         └─────┬─────┘     └─────┬─────┘      ├ 業績指数
            効率指標              効果指標       ┘
```

（注）：IPSAS．コンサルテーションペーパーより抜粋

いるのかを評価し，(b) 予測または目標とされた結果に対する達成度を比較するための情報を提供することとなる。多くの国や地域において，公的部門の主体は目的の重要性とその理由，さらにその目的の達成方法に関する計画が必要になる。

② インプット，アウトプット，アウトカム，効率及び効果の指標

インプット，アウトプット及びアウトカム指標は，どのようなサービス業績が提供されたかを報告するために最も一般的に使用されている。

インプット，アウトプット及びアウトカム指標は，客観的かつ明瞭的なサービス業績情報である。また，これらの指標は，資源の使用状況，使用の結果の達成状況について，財務または非財務情報と関連付ける報告することが可能である。つまり，インプットは，アウトプットを生み出すために使用される（及びアウトカムの達成のために貢献する）ため，これらの指標の報告は，資源の財務的管理の評価の点で有用であり，公的説明責任を果たすことに資する。さらに，アウトプット及びアウトカムの指標には，サービス受領者にとってはサービスの品質向上に関する説明責任に有用であると考えられる。

③ 予測または目標結果と実際の業績との比較

予測または目標結果と実際の業績との比較は，納税者や利用者が効果的にサービスの提供状況を評価するために有用である。指標を策定することで，目標及び目的の達成程度を評価すことが可能となる。ただし，サービス業績の指標が単独で報告される場合よりも，サービス業績の結果に影響を与える要因にに関する説明的記述も含まれることで，より一層，予測または目標結果と実際のサービス業績と分析が可能となる。

④ 時系列の比較

時系列の比較は，納税者または利用者に，サービス業績の結果の改善または悪化の状況を評価することを可能とする。つまり，サービス業績情報の時系列による比較は，目的の達成や進展度合い定期的な評価が可能となることから重要である。多くの場合，公的部門の主体は望ましい最終結果を達成するために年数を要するであろう。したがって，利用者は，利用者に (a) 進展が最終結

果に向かって進んでいること，及び (b) サービスがその望んでいる最終結果を達成する可能性を評価することが可能となるサービス業績指標が必要である。

(4) IPSASB サービス業績情報報告の今後の方向性

　IPSASB では基準設定の透明性を高めるため，関係者のコメントを得る手続きをとっており，サービス業績情報報告についても，第1段階のコンサルテーション・ペーパー（他の機関ではディスカッション・ペーパーに相当）を 2011 年 10 月に公表し，受領したコメントを審議，検討した上で，その後第2段階の公開草案と意見募集を行い，基準や指針として公表することとなる。そのような設定デュー・プロセスを厳格に守り，設定の透明性が確保しながら社会的な合意を得，IPSASB によって，公的部門における業績報告書の開示についても，標準化，基準化，指針化されていくこととなる。そのため，早晩，わが国の公会計基準設定時に参考にされるものと考える（図表 6-5）。

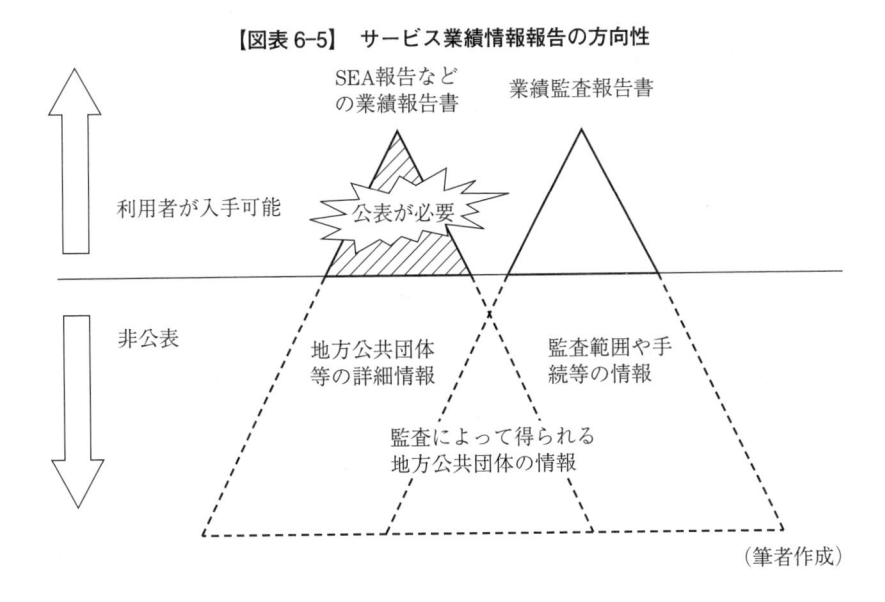

【図表 6-5】　サービス業績情報報告の方向性

利用者が入手可能

SEA 報告などの業績報告書

公表が必要

業績監査報告書

非公表

地方公共団体等の詳細情報

監査によって得られる地方公共団体の情報

監査範囲や手続等の情報

（筆者作成）

2 独立行政法人等の制度及び公監査

(1) 独立行政法人等の制度及び会計監査人監査の概要

わが国において，初めて公的部門に対して公認会計士による財務諸表監査が法定されたのは独立行政法人等に対する監査である。独立行政法人会計基準の設定にあたっては，企業会計基準に加え，公的部門の特有の問題についてはIPSASを参考に設定されているが，IPSASで検討中の業績報告書の開示についてはまだ定められていない。以下では，独立行政法人に対する業績（行政成果）公監査の課題について検討する。

独立行政法人制度は，主務大臣や国の監督等の関与を必要最小限のものとし，業務の効率性・質の向上，法人の自律的業務運営の確保，業務の透明性の確保を図る制度である。独立行政法人通則法第39条において，一定の規模を超える独立行政法人に対して，財務諸表，事業報告書（会計に関する部分に限る。）及び決算報告書（以下「財務諸表等」。）について，会計監査人による監査を受けることを義務付けている。

また，国立大学法人については，国立大学法人法第35条において通則法第39条等を準用しており，規模にかかわらずすべての国立大学法人及び共同利用機関で会計監査人の監査を義務付け，地方独立行政法人においては地方独立行政法人法第35条及び地方独立行政法人法施行令第5条により，独立行政法人と同様，一定の規模以上の地方独立行政法人は，会計監査人の監査を受けることが規定されている。

独立行政法人，国立大学法人，地方独立行政法人の会計監査人の監査は，わが国の公的部門に対する公認会計士による法定外部監査としては，初めて導入されている。

平成13年3月に独立行政法人会計基準研究会により「独立行政法人に対する会計監査人の監査に係る報告書」が，企業会計審議会から公表されている監

査基準を参考に，独立行政法人の公共的性格を勘案して，演繹的に独立行政法人の監査基準を策定された。また，国立大学法人については，平成16年3月に国立大学法人会計基準等検討会議より「国立大学法人に対する会計監査人の監査に係る報告書」が公表され，さらに地方独立行政法人についても，平成16年3月に地方独立行政法人会計基準等研究会より「地方独立行政法人に対する会計監査人の監査に係る報告書」が公表された。いずれも「独立行政法人に対する会計監査人の監査に係る報告書」とほぼ同様の仕組みである。

「独立行政法人に対する会計監査人の監査に係る報告書」には，独立行政法人等に対する会計監査人の監査の基本的な考え方が示されており，独立行政法人等の財務運営に関する真実の情報が報告され，この情報に対して適切な事後チェックを行う仕組みが用意されることが必要であるとされ，独立行政法人等に対する会計監査人監査の導入目的としては，独立行政法人等の財政状態，運営状況等財務運営に関する真実の情報を正しく表示していることを担保するための公認会計士による財務諸表監査とされている。

ただし，上記の基本的な考え方に加え，独立行政法人等の公共的な性格にかんがみ，財務諸表等に重要な影響を与える違法行為等の発見，経済性及び効率性等の視点から問題があると認められる取引及び会計事象である非効率な取引等の発見に努めることなどが求められており，業績（行政成果）公監査の側面も明確に位置づけられている。

(2) 法規準拠性の観点からの監査

独立行政法人等が作成した財務諸表等が真実の情報を正しく表示していることを担保することを目的として会計監査人の監査が行われるが，さらに，公共的性格を有する独立行政法人等に対する監査においては，民間企業の監査にも増して，不正及び誤びゅう並びに違法行為の発見に対する重大な関心があることから，会計監査人は法規準拠性の観点を踏まえた会計監査を実施しなければならないとしている。民間企業に対する監査についても，監査基準において，会計監査人は不正または誤びゅうを発見した場合には，経営者等に報告して適

切な対応を求めることとされているが，独立行政法人の会計監査人は，財務諸表等が独立行政法人等の財務情報等を適切に表示しているかどうかを判断する手続の一環として，法規準拠性の観点を踏まえた会計監査を実施しなければならないとしており，財務諸表等に重要な影響を与える違法行為等については，会計監査人が積極的に発見するよう努めていくとともに，財務諸表等に重要な影響を与えるには至らない違法行為等を発見した場合には，独立行政法人等の長に必要な報告を行うなど，適切に対応しなければならないとされている。

独立行政法人に対する会計監査人の監査はあくまでも財務諸表監査であるが，国民の財産を法律に従って適切に運営することを委託されている公的機関に対する監査では，その法規準拠性についてのある程度の強さの心証を得ることは，リスクアプローチに基づく財務諸表監査の一環としても要求されている。つまり，独立行政法人の業務に関係ある法律に違反することによって，直ちに財務諸表に直接的に重要な影響を及ぼす可能性があるようなものも含まれると考えられる。このため，財務諸表に重要な虚偽記載がないかどうかにつき合理的な保証を得る目的から，そのような公的機関の特殊性に鑑み，関連する法律についての知識を持って，その準拠性に係る内部統制の状況を検証することを監査計画に折り込むことは，財務諸表監査の一環としても求められる。しかし，独立行政法人監査における法規準拠性については，法規準拠性の違反を発見し報告することが監査の目的ではないことに十分に留意する必要がある。

なお，日本監査研究学会公監査研究特別委員会報告の公認会計士に対するアンケートの回答結果（**図表 6-6**）では，公認会計士は「財務諸表監査として行う内容に変わりはなく，ことさら法規準拠性の観点を強調する必要はない」が約33％で最も多いが，同時に「公監査では，不正などの法規準拠性の観点は企業に増して重要であると考える。」と割合も約27％で比較的多くの回答を得ている。公認会計士でも約28％と比較的割合が多い回答である「財務諸表監査を実施することで独法・国大の不正防止にも役立つものと考える。」選択肢については，独法・国大の回答割合がさらに一層高く約51％となっていることは，監査の目的や機能の観点から期待ギャップを生じている可能性があり興味深い。

第6章　国際公会計基準における業績報告書並びに独立行政法人に係る公監査

【図表6-6】　日本監査研究学会アンケート（1）

公認会計士

Q12．独法・国大監査に法規準拠性の観点が求められていますが，どのように思われますか。
（複数選択可：表中の「割合」はアンケートに協力頂いた回答者数を分母としているため100％を超える）

選択項目	回答数	割合
① 公監査では，不正などの法規準拠性の観点は企業に増して重要であると考える。	18	26.9 %
② 独法・国大は，補助金や委託などから談合などにつながりやすく監査上もリスクがある。	20	29.9 %
③ 財務諸表監査を実施することで独法・国大の不正防止にも役立つものと考える。	19	28.4 %
④ 独法・国大の法規準拠性の監査は現在の企業監査と比較しても齟齬はなく＋αでもない。	5	7.5 %
⑤ 独法・国大の法規準拠性の監査は，実施手続き，工数が増えるため，負荷が多い。	15	22.4 %
⑥ 独法・国大の法規準拠性の監査は，保証業務として成立できるよう条件を整備すべきだ。	21	31.3 %
⑦ 独法・国大の法規準拠性の監査による監事，当局への指摘は「法令違反等事実における監査人の当局の申し出制度（金商法193条の3）」と同様であり齟齬がなくなってきた。	7	10.4 %
⑧ 内部統制に関する経営者確認書の形で独法・国大のアサーションを求めることは，内部統制報告書制度と同様の趣旨であり，評価できる。	13	19.4 %
⑨ 財務諸表監査として行う内容に変わりはなく，ことさら法規準拠性の観点を強調する必要はない。	22	32.8 %
□ 財務諸表監査に重要な影響を与える違法行為等について，監査報告書の「実施した監査の概要」に記載することは違和感があるが仕方ない。	12	17.9 %
合計	152	

独法国大

Q6．独法・国大監査に法規準拠性の観点が求められていますが，どのように思われますか。
（複数選択可：表中の「割合」はアンケートに協力頂いた回答者数を分母としているため100％を超える）

選択項目	回答数	割合
① 公監査では，不正などの法規準拠性の観点は企業に増して重要であると考える。	21	44.7 %
② 財務諸表監査を実施することで独法・国大の不正防止にも役立つものと考える。	24	51.1 %
③ 独法・国大の法規準拠性の監査は現在の企業監査と比較しても齟齬はなく＋αでもないようだ。	3	6.4 %
④ 内部統制に関する経営者確認書の形で独法・国大のアサーションを求めることは，内部統制報告書制度と同様の趣旨であり，評価できる。	8	17.0 %
⑤ 財務諸表監査として行う内容に変わりはなく，ことさら法規準拠性の観点を強調する必要はない。	10	21.3 %
合計	66	

(3) 随意契約の妥当性に関する監査の要請

財務諸表監査における随意契約の妥当性チェックの要請においては，監査の目的と機能，役割と実際の財務諸表監査の間での期待ギャップが顕在化したと考えられている。政府は，「随意契約の適正化の一層の推進について」（平成19年11月2日，公共調達の適正化に関する関係省庁連絡会議），関係当局からの通知「独立行政法人における随意契約の適正化の推進について」（平成19年11月15日，総務省行政管理局長，行政評価局長事務連絡），「独立行政法人整理合理化計画策定に関する指摘事項」（平成19年11月27日，行政減量・効率化有識者会議），更には閣議決定「独立行政法人整理合理化計画」（平成19年12月24日，閣議）によって，独立行政法人の行う随意契約に関して，会計監査人に対して「随意契約の適正化を含めた入札・契約状況及び内部統制の状況について，独立行政法人の財務諸表等について行う監査の中で厳格にチェックする」ことを要請した。

これに対して，日本公認会計士協会では，平成20年2月13日に公会計担当の常務理事名で「独立行政法人の随意契約について」という会員向け通知を公表し，その中で「入札・契約のそもそもの適切性や法人運営における資金の無駄使いについて，直接的に会計監査人がチェックや判断をすることは，財務諸表監査の性質から範囲を超えるものである」こと，このため「第一義的には，独立行政法人が，諸規定の整備やそれらのコンプライアンス組織を設定し，内部監査を実施していくなど，監事監査の実施方法も含め，独立行政法人が整備・運用する役割と責任を有している内部統制を一層強化することが重要であろうと考える」ことの意見を表明した。また，会計監査との関係では「財務諸表監査の枠内で，内部統制の状況並びにその機能及び有効性を把握し，統制リスクの評価を行い，随意契約による取引が財務諸表に重要な影響を及ぼすと考えられる場合には，例えば購買プロセスにおける随意契約に関する内部統制の評価を行っていく」ことが必要であるとして，あくまでも財務諸表監査の手続としての必要性の範囲内で対応すべきことであるとの立場を明確に打ち出している。

独立行政法人の監査実務においては、このような公的機関では経費・調達・支払などの購買プロセスの重要性が一般的に高いこと、そこでの内部統制の欠陥が財務諸表に重要な影響を及ぼす可能性も比較的高いことなどを考慮して、それぞれの被監査独立行政法人等が調達の適正化に対してどのような対応をとっているかを確認すると共に、財務諸表監査として必要と判断された購買プロセスのコントロールをテストすることなどが行われている。しかし、これらはあくまでも財務諸表監査の一環である。

「独立行政法人の随意契約について」

日本公認会計士協会
（公会計担当常務理事名）
平成20年2月13日

「随意契約の適正化の一層の推進について」（平成19年11月2日、公共調達の適正化に関する関係省庁連絡会議）、関係当局からの通知「独立行政法人における随意契約の適正化の推進について」（平成19年11月15日、総務省行政管理局長、行政評価局長事務連絡）、「独立行政法人整理合理化計画策定に関する指摘事項」（平成19年11月27日、行政減量・効率化有識者会議）、更には閣議決定「独立行政法人整理合理化計画」（平成19年12月24日、閣議）によって、独立行政法人の随意契約に関して「会計監査人の監査において厳正な（又は徹底的な）チェック」の要請があるところです。しかし、会計監査人は、財務諸表監査の枠内で実施できることについて、独立行政法人監査基準に従って、既に厳正に対応しているところであります。また、（独立行政法人からのアサーションの有無を問わず）入札・契約のそもそもの適切性や法人運営における資金の無駄使いについて、直接的に会計監査人がチェックや判断をすることは、財務諸表監査の性質から範囲を超えるものであることを確認しております。

「会計監査人の監査において厳正な（又は徹底的な）チェック」については、第一義的には、独立行政法人が、諸規定の整備やそれらのコンプライアンス組織を設定し、内部監査を実施していくなど、監事監査の実施方法も含め、独立行政法人が整備・運用する役割と責任を有している内部統制を一層強化することが重要であろうと考えるところであります。会計監査人においては、財務諸表監査の枠内で、内部統制の状況並びにその機能及び有効性を把握し、統制リスクの評価を行い、随意契約による取引が財務諸表に重要な影響を及ぼすと考えられる場合には、例えば購買プロセスにおける随意契約に関する内部統制の評価を行っていく等の必要があると考えられます。

最後に、会員におかれましては、会計監査人の監査において随意契約について厳正に（又は徹底的に）チェックすることが新たに要請された場合には、財務諸表の適正性に関する意見表明である監査の特質と限界並びに内部統制評価のあり

> 方などを監査契約書約款等とともに正確にご説明していただきますようお願いします。

(4) 経済性及び効率性等の視点

　独立行政法人監査においては，財政制度等審議会から独立行政法人の監査基準に相当する「独立行政法人に対する会計監査人の監査に係る報告書」が公表されている。同報告書の第1章第6節に，「経済性及び効率性等の視点」が次のように記載されている。

　「独立行政法人の事務・事業が効率的かつ効果的に実施されたかについては，国民の重要な関心事項であるが，その評価は，業務に係る報告書や財務諸表等を通じて主務大臣及び独立行政法人評価委員会により行われるものである」。また，「会計監査人による監査は独立行政法人が作成した財務諸表等の適正性の証明を目的として行われるもの」であり，「会計監査が，独立行政法人の業務が効率的かつ効果的に実施されたことの証明及び非効率的な取引等の発見を目的として行われるわけではない」とされる。

　しかし，一方で，「会計監査人には，財務諸表監査の実施過程において，独立行政法人の非効率的な取引等の発見に努めることが期待されている」として，「財務諸表監査の実施過程において，非効率的な取引等を発見した場合は，独立行政法人の長及び監事並びに独立行政法人の長を経由して主務大臣に報告を行うなど，適切に対応しなければならない。」とされている。そのため，財務諸表監査を実施する公認会計士からは，責任，範囲，実施手続，期待ギャップが生じるおそれなどについて懸念が表明されるところである。

　前掲の日本監査研究学会公監査研究特別委員会報告の公認会計士に対するアンケートの回答結果（**図表6-7**）でも，「実施過程において気付いたことを指摘するという現在のスキーム以上の要請は難しい。」が約67％，「財務諸表監査として行う内容に変わりはなく，ことさら経済性・効率性の観点を強調する必要はない」が約25％という意見となっており，「マネジメントレターによる経

第6章　国際公会計基準における業績報告書並びに独立行政法人に係る公監査

【図表6-7】　日本監査研究学会アンケート（2）

公認会計士からの回答

Q. 独法・国大監査に経済性効率性等の観点が求められていますが，どのように思われますか。
（複数選択可：表中の「割合」はアンケートに協力頂いた回答者数を分母としているため100％を超える）

選　択　項　目	回答数	割　合
① マネジメントレターによる経済性効率性の指摘はできるだけ多くしたいと思う。	9	13.4％
② マネジメントレターが情報公開などで独法・国大から流出する可能性に対応が必要だ。	19	28.4％
③ パブリックにおける監査では，経済性・効率性等は企業に増して重要であると考える。	10	14.9％
④ 独法・国大の非効率的な取引の指摘は，必要な観点である。	12	17.9％
⑤ 実施過程において気付いたことを指摘するという現在のスキーム以上の要請は難しい。	45	67.2％
⑥ 非効率的な取引の指摘も保証業務として成立できるよう条件を整備すべきである。	14	20.9％
⑦ 実際に経営の効率化に資することについてマネジメントレターで指摘することもある。	11	16.4％
⑧ 政策，予算の配分，直接マネジメントにかかわる部分は指摘できないので役立たない。	8	11.9％
⑨ 有効性の観点は，財務諸表監査の一環であれば，実施できない。	12	17.9％
⑩ 財務諸表監査として行う内容に変わりはなく，ことさら経済性・効率性の観点を強調する必要はない。	17	25.4％
合　計	157	

日本監査研究学会公監査研究特別委員会報告書より抜粋

独立行政法人及び国立大学法人からの回答

Q. 独法・国大監査に経済性・効率性等の観点が求められていますが，どのように思われますか。
（複数選択可：表中の「割合」はアンケートに協力頂いた回答者数を分母としているため100％を超える）

選　択　項　目	回答数	割　合
① マネジメントレターによる経済性・効率性の指摘はできるだけ多くして欲しい。	12	25.5％
② パブリックにおける監査では，経済性・効率性等は企業に増して重要であると考える。	21	44.7％
③ 実施過程において気付いたことを指摘するという現在のスキーム以上は期待していない。	11	23.4％
④ 政策，予算の配分，直接マネジメントにかかわる部分は指摘できないので役立たない。	4	8.5％
⑤ 財務諸表監査として行う内容に変わりはなく，ことさら経済性・効率性の観点を強調する必要はない。	13	27.7％
合　計	61	

日本監査研究学会公監査研究特別委員会報告書より抜粋

済性効率性の指摘はできるだけ多くしたいと思う。」,「パブリックにおける監査では,経済性・効率性等は企業に増して重要であると考える。」,「独法・国大の非効率的な取引の指摘は,必要な観点である。」という意見（いずれも10数％）を上回っている。

一方で,独立行政法人・国立大学法人のアンケート回答結果（**図表6-7**）からは「パブリックにおける監査では,経済性・効率性等は企業に増して重要であると考える。」が約45％,「マネジメントレターによる経済性・効率性の指摘はできるだけ多くして欲しい。」が約25％となっているところである。

(5) 会計検査院検査報告

会計検査院は,「平成21年度　決算検査報告　第4章　国会及び内閣に対する報告並びに国会からの検査要請事項に関する報告等　第3節　特定検査対象に関する検査状況」において,「独立行政法人及び国立大学法人における会計監査人の監査の状況について」について検査報告した。

その結果,「非効率的な取引等について,平成16年度から20年度までの間に会計監査人から独立行政法人等の長に対する文書での報告の有無についてみたところ,報告が行われた実績はなかった」とし,「独立行政法人等に対する監査に経済性及び効率性等の視点からの監査が導入された趣旨にかんがみると,これに対する成果が十分に上がっているとは必ずしも言えない。」と報告している。

一方で,会計検査院は検査報告において,非効率的な取引等に係る監査に関して,意見徴取の結果として,「(1) 現監査基準報告書や公会計委員会報告第3号に記載のとおり,財務諸表監査手続の範囲内で把握できるものについて対応すべきものと考える。(2) 一般企業において非効率的な取引等を発見した場合には監査人がその旨を被監査会社に報告することはあるが,一般企業においても,独立行政法人においても,非効率的な取引の発見が主たる目的ではないことは明確になっており,その意味では両者に本質的な差異はないと考える。ただし会計監査人が非効率的な取引等の発見をも考慮した監査を実施することが

期待されていることは承知している。といった意見が多く見受けられる一方で，(3) 非効率的な取引等に対する事項は，会計監査に含めるのではなく，別の制度設計にして検討した方が良いと考えるといった意見も少なからず見受けられた。」と，会計監査人の意見も紹介している。

そして，「独立行政法人等の公共的性格から求められている経済性及び効率性等の視点からの監査については，関係省庁，日本公認会計士協会等の関係各方面において会計監査人監査の実態を踏まえた検討を行うことが求められる。」と制度や基準の整備を促している。

(6) 職業的懐疑心

先述のように，日本監査研究学会公監査研究特別委員会のアンケートや会計検査院による決算報告の指摘にもあるとおり，独立行政法人の監査において「経済性及び効率性等の視点」が求められているものの，実績はないなど実施上の課題があるといえる。

これは，公認会計士は，監査目的を財務諸表監査の失敗，つまり，財務諸表に重要な虚偽表示があるにもかかわらず監査人が財務諸表について適正意見を表明することを避けるための実施においていることにある。そのため，監査を失敗しないように，監査人の独立性の問題，職業専門家としての正当な注意（プロフェッショナル・デューケア）や職業的懐疑心（スケプティシズム）の不足に留意して実施することとなる。平成14年さらに平成17年に監査基準が改訂され，職業的懐疑心は強調されており，日本公認会計士協会監査基準委員会報告書第24号「監査報告」（平成15年3月公表，[3]によれば，「職業的懐疑心は，監査人が財務諸表における重要な虚偽の表示の可能性に常に注意すること，記録や証憑書類又は経営者の陳述や説明が入手した他の監査証拠と矛盾していないかどうかについて批判的に評価すること，さらにそれらの信憑性に疑念を抱かせることになる他の監査証拠にも注意を払うことによって発揮される」。そして「監査人は，監査の全過程を通して職業的懐疑心を保持することによって，疑わしい状況を見落としたり，観察によって得た監査証拠をその実施時以外の監

査証拠としてしまったり，実施する監査手続，実施の時期及び範囲を決定する際に又はその実施結果を評価する際に判断を誤ってしまう可能性を軽減させることができる」とあるように，監査の全過程を通して職業的懐疑心を保持するのだが，それはあくまでも財務諸表監査における監査目的に照らして職業的懐疑心を保持するのである。したがって，会計検査院の検査とは異質の目的であるため，会計検査院の検査報告の指摘のとおり，何も実施されていなかったとしても，一義的に問題はないといえるが，現状の「経済性及び効率性等の視点」として業績（行政成果）公監査の側面が導入されている以上，「監査の実施過程で気づいた時に適切な対応を取る」という，いわば正当な注意や職業的懐疑心にも至らない注意や疑問の心だけに頼るような仕組みでは，業績（行政成果）公監査として不十分であり，業績（行政成果）公監査のあり方を早急に検討していくべきといえる。

(7) 業績（行政成果）公監査上と保証業務

　公的部門の法人は，事業の運営に税金を財源とした公的資金が交付されることから，透明性の確保が求められ，その法人の財務，非財務情報の信頼性を担保する公認会計士監査に大きな期待が寄せられている。つまり，公的部門における業績（行政成果）公監査は，公的部門の主体は，利益を出す目的で存在するのではなく，運営上の資金不足の場合も国より予算手当てがなされることが多いため，不正・誤謬・違法行為などに対する法規準拠性の観点や経済性・効率性や有効性といった観点からの業績（行政成果）公監査が求められる。

　そのため，上述のように，現状の「経済性及び効率性等の視点」として実施される独立行政法人監査では業績（行政成果）公監査の観点からは十分ではないことから，新たな別の枠組みとしての業績（行政成果）公監査を早急に検討し，基準や指針を整備していく必要がある。ただし，その際には，公認会計士法及び同施行令により，一定規模以上の公的部門の法人は，大会社等の範囲に含まれ，公開会社と同様に，監査と非監査業務の同時提供の禁止対象となっていることに留意する必要がある。

具体的には，国際会計士連盟の国際監査・保証基準審議会（IAASB）は，従来の監査業務のみならずレビュー業務などを包摂した保証業務の概念により，関連する業務の枠組みを整理し，国際保証業務基準（ISAE）3000「過去財務情報の監査又はレビュー以外の保証業務」を公表している。さらに，2011年4月にはIAASBは，様々な保証業務のニーズの高まりを踏まえ，現行のISAE3000を改訂する公開草案を公表し，「合理的保証業務」と「限定的保証業務」とに明確に区別した上で，合理的保証業務は，積極的形式による結論の報告を行う基礎として受け入れることができる程度に保証リスクが抑えられるよう保証業務が行われること，限定的保証業務は，合理的保証業務の場合よりは高い水準ながらも，消極的形式による結論の報告を行う基礎として受け入れることができる程度に保証リスクが抑えられるよう保証業務が行われることなどが改訂される方向である。

独立行政法人の監査は，財務報告を中心とした情報提供によるパブリック・アカウンタビリティの履行，信頼性の確保のために実施される。納税者・財務報告の利用者にとって，重要な業績（行政成果）公監査が独立行政法人についても実施される必要がある。業績（行政成果）公監査においては，業績報告書

【図表6-8】 業績（行政成果）公監査と保証業務

公監査目的の分類（注1）	ISAE3000における保証業務の類型	（参考）業績実施者が公認会計士の場合の業務の分類の一例
業績（行政成果）公監査	証明業務・合理的保証業務	財務諸表監査
	証明業務・限定的保証業務	レビュー
	—	合意された手続
	直接業務	（注2）

筆者作成

（注1）：図表を単純化するために，公監査目的の分類では，業績（行政成果）公監査のみ記載している。
（注2）：ISAE3000でいう直接業務は，わが国の現行実務では未成熟である。あえて，わが国の公監査の現行実務の事例を挙げれば，財務書類作成・調製業務，地方公共団体包括外部監査，独立行政法人等に対する3Eの指摘等が該当する可能性があるが，直接業務として主題と規準の測定・評価を行う保証業務の要件を満たしていないため制度上の必要な要件を備える必要がある。

の開示がなければ全く意味がない。そのためには，独立行政法人においても，IPSASB が検討しているサービス業績情報の開示が義務付けられることは必須である。そして独立行政法人に対する業績（行政成果）公監査においては，サービス業績情報報告の開示に対する保証業務を実施することが解決になるのではないかと考える（図表6-8）。

＊小　　括＊

以上の検討から，3つの課題への対応の必要性が指摘できる（図表6-9）。
(1) IPSAS 業績報告書を参考にしたわが国への業績報告書導入の必要性
(2) 業績報告書に記載されるべき業績指標，業績測度の検討の必要性
(3) 業績報告書に対する保証業務としての業績（行政成果）公監査の導入の必要性

特に，一般目的財務報告の1つとして位置づけられている IPSAS の業績報告書の検討は大変に重要かつ参考になる。業績報告書の開示があってはじめて，業績（行政成果）公監査が可能となり，プロセス，保証水準，責任，品質管理システムなどが明確化することとなる。

アカウンタビリティ，つまり受託者の説明責任として，単に情報の透明性や

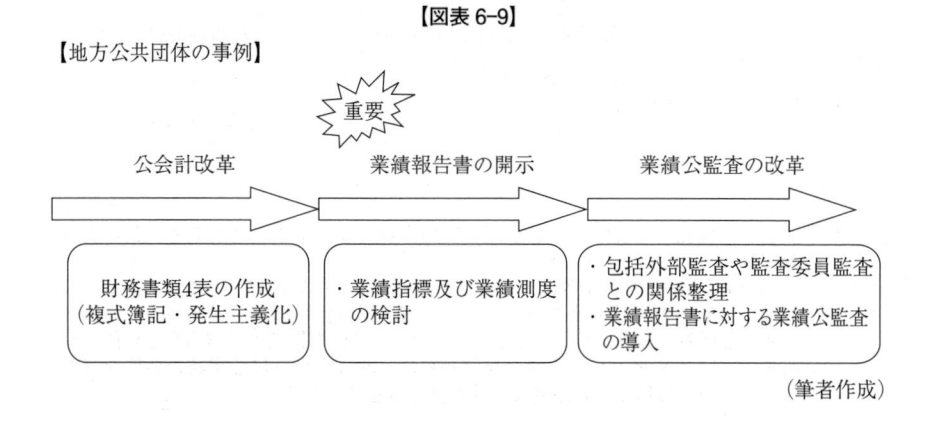

【図表6-9】

【地方公共団体の事例】

公会計改革 → 業績報告書の開示（重要）→ 業績公監査の改革

- 財務書類4表の作成（複式簿記・発生主義化）
- ・業績指標及び業績測度の検討
- ・包括外部監査や監査委員監査との関係整理
- ・業績報告書に対する業績公監査の導入

（筆者作成）

情報公開を確保し，決算を開示すればよいということではない。重要なことは，アカウンタビリティの概念を拡大したパブリック・アカウンタビリティを果たすため，財務やサービス提供の目的の達成度，予測される将来のサービス提供活動及び資源のニーズについての財務及び非財務，また，定量的及び定性的な情報についても，利用者に対して，過去，現在，及び将来の情報を業績報告書にまとめ報告することがまず必要である。そして，その業績報告書に対して，準拠性の観点に留まらない，業績（行政成果）公監査へ展開することは，税金，公金を財源とする団体の公監査目的の拡張方向であることをパブリック・アカウンタビリティ履行の視点から認識すべきである。

事実，財務・非財務の行政・財政目標を指標で示し，行政成果を住民に明らかにさせ，危機感，切迫感をもってマネジメントに当たることを求め，アカウンタビリティを遂行させている諸外国の事例は多々ある。

将来世代への税金負担のリスクが顕在している現在，公会計や公監査の改革を達成するために努力しなければならない。

【注】
1) 財務諸表に対する「文章による報告（Narrative Reporting）」では，財務諸表に関連する「経営者の説明（Management Commentary）」について，IASB で検討している Management Commentary 等を参考としながらも，公会計特有な事項を検討している。
2) GASB のウェブサイトには SEA 報告等を公表している先進的な地方公共団体の一覧が掲載されており，SEA 報告が入手できる（平成 24 年 1 月 20 日）。http://www.seagov.org/initiatives/local_gov.shtml
3) 日本公認会計士協会監査基準委員会報告書 200「財務諸表監査における総括的な目的」（平成 23 年 12 月公表）においても職業的懐疑心の記述がなされている。
4) IAASB から，International Standard on Assurance Engagements 3000「Assurance Engagements Other than Audits or Reviews of Historical Financial Information」公表後，企業会計審議会から平成 16 年 11 月に「財務情報等に係る保証業務の概念的枠組みに関する意見書」，また，日本公認会計士協会もからも財務諸表監査以外の保証業務について監査・保証実務委員会研究報告第 20 号「公認会計士等が行う保証業務等に関する研究報告」を公表している。

【参考文献】
（1） 岡本義朗［2008］『独立行政法人の制度設計と理論』．中央大学出版部
（2） 鈴木豊［2004］『政府・自治体・パブリックセクターの公監査基準』．中央経済社
（3） 鈴木豊［2005］『アメリカの政府監査基準』．中央経済社
（4） 鈴木　豊編［2005］『政府監査基準の構造』．同文舘出版
（5） 藤井秀樹監訳［2003］『GASB/FASAB公会計の概念フレームワーク』．中央経済社
（6） 山崎秀彦編［2010］『財務諸表外情報の開示と保証』．同文舘出版
（7） 地方行財政検討会議「地方自治法抜本改正についての考え方（平成22年）」（2010年1月26日）
（8） 日本監査研究学会・公監査研究特別委員会研究報告［2009］『公監査を公認会計士・監査法人が実施する場合に必要な制度要因の研究調査』
全文は以下のwebサイトを参照
http://www.hp.jicpa.or.jp/specialized_field/post_1249.html
（9） International Public Sector Accounting Standards Board. December 2010. *Conceptual Framework for General Purpose Financial Reporting by Public Sector Entities*（Phase 1: Exposure Draft）
（10） International Public Sector Accounting Standards Board. October 2011. *Reporting Service Performance Information*（Consultation Paper）

（第6章担当　石井　和敏）

第7章

法規準拠性・業績（行政成果）報告の作成基準と公監査報告書

プロローグ
1. 法規準拠性結果報告書の作成基準
2. 業績（行政成果）報告書の作成基準
3. 法規準拠性公監査報告書
4. 業績（行政成果）公監査報告書
小　　括

＊プロローグ＊

　国・地方自治体等の公的機関における税金・公金支出に関する国民・市民・納税者への結果・成果報告書の開示と、これに対する公監査過程と公監査報告書について、主として法規準拠性公監査と業績（行政成果）公監査を中心として、前章までで解説してきた。本章では、そのまとめとして法規準拠性結果報告書及び業績（行政成果）報告書の作成基準と公監査報告書の事例を提示することとした。

1　法規準拠性結果報告書の作成基準

　被監査機関において法規準拠性公監査の対象となるべき法規準拠性結果報告書の作成の基準の内容は、例えば、イギリスの合規性監査基準を参考に次のように考えられる。[1]
(1) 会計及び内部統制システムが合規性を確保することになるので当該システムの内容と有効性水準を報告する。
(2) 合規性の判断は立法、法規、議会の権限、財務省の権限（オーソリティ）によることになるのでこれらを明定する。
(3) 法規上の要件を明白に、そして公監査人は必要な追加的報告書を作成する。
(4) 公監査人が統合的公監査アプローチを適用できるよう総合的な結果報告を行う。
(5) それ故に合規性のアサーションが必要とされる。

　公監査についての実務上のガイダンスをもとに、公監査人は、次の点の追加的意見の表明をしなければならないとされているのでこれらを報告する。
　① オーソリティのフレームワークの理解可能なデータ
　② オーソリティの準拠性の証拠の収集の内容

第7章　法規準拠性・業績（行政成果）報告の作成基準と公監査報告書

③　合規性の明白な意見の提示に至るプロセス

合法性と合規性のフレームワークの検討では，財務諸表に対するオーソリティと活動の合法性，合規性とを区別しなければならないとされ，合規性の公監査の概要は，次のように規定されている。

(1)　公監査人は，①法律と規則の十分な理解及び②準拠性のテストを実施する。

(2)　財務諸表に関する合規性のアサーションに対する公監査人のアプローチは次のとおりであり，これに対応する結果報告を被監査機関は行う。

①　オーソリティのフレームワークの十分な理解の収集を行うことができるようにする。

②　合規性のテストを実施する。

実体的アサーションに対する十分な適格な証拠の収集を行う。取引の実証手続とシステムデザインの有効性の評価を行う。

③　合規性の報告

合規性について個別の明白な意見を表明する。

①のオーソリティのフレームワークの十分な理解の獲得のためには，公監査業務の範囲は重要性の判断に関係するので重要性水準を予め決定しておく必要がある。

(3)　準拠性の遵守を確保するためにデザインされたシステムと手続の検討のためには，下記の手続を必要とするのでこれらの結果報告を行う。

合規性に関する統制の検討は一般の統制環境の評価…個々の取引の流れに関して，次のような一般的の統制フレームワークは，合規性を確保することになるとされる。

①　エンティティの組織的構造

②　合規性の確保に責任のある職員，部門，エージェンシーの会計責任者またはチーフエグゼクティブの統制方法

③　内部監査業務のプログラム

④　エンティティのコーポレートガバナンスの取扱い

(4) 合規性のテストにおいては，すべての重要な観点においてエンティティ支出及び収入（出金及び入金）について公監査人の特別の検討を必要として重要性，リスク及び公監査手続のデザインを行う。

実証的公監査手続は次のように実施されるとされるので，これに対応した結果報告を必要とする。

(1) 公監査人は合規性の観点に関する適切な監査証拠を，例えば，補助金の適格性のように収集することの困難性に直面する。そのような場合は，監査証拠の信頼性を有用性の観点で検討しなければならない。理想的には，公監査人は直接証拠を必要とする。これが有用でない場合にはエンティティがいかに合規性に関してそれ自体満足したかを検討する。このことは，別の監察機能または独立第三者からのアドバイスまたはアシュアランスを受けることによってなされる。ここでは，例えば補助金の支出使途について総合的な結果報告書が必要とされる。

(2) 公監査人は潜在的な議決予算超過がある場合には，より広範囲な手続を適用する。その手続は次の諸点を確認するための詳細なテストを含むものである。①歳出 a/c の決算書の要約，②年度始め及び年度後になされた支払い，③収入及び支出が正しい a/c に記録され，そして有効であること，④未決算 a/c の正確性。ここでは，超過支出に対する詳細な結果報告を必要とする。

(3) 公監査人は，議会の意図に準拠していない活動や取引を検証するために次のような特定のテストを実施する。①議会の意図外の取引を検証するために決算書のレビュー，②異常な取引の流れ，決算書または取引の間違った分析を検証するためのエンティティのマネジメントの a/c のレビュー，③取引と決算バランスの実証テスト。ここでは，歳出の議会意図との適合性の詳細な結果報告が求められる。

以上のような留意点を充足する法規準拠性結果報告書を作成しなければならない。

第7章　法規準拠性・業績（行政成果）報告の作成基準と公監査報告書

2　業績（行政成果）報告書の作成基準

　政府・地方自治体の業績（行政成果）測定の必要性の高まりから，例えば，アメリカ連邦政府においては，1993年の政府業績成果法の制定によるプログラム成果の報告を，また，州・地方政府においてはGASBはこの業績評価についてSEA報告書の作成を要請することとなった。これに対応する効率性と有効性の監査には，①政府が住民に提供するサービス努力，コスト及び業績に関する情報，②3Eの評価に関する情報，③補助金の効率性・有効的な利用に関する報告が必要であるとされる[2]。GPRAMA（GPRA近代化法2010年）では，①目標の優先性の識別，②担当官への責任の割当，③経過の4半期毎のレビューが求められており，そこでは，政府のチャレンジとして，①重要な結果への調整と相互関連アプローチの設定，②弱点への焦点，③意思決定のための業績情報の確保，④結果達成のためのリーダーシップの維持及び，⑤マネジメントと業績の議会の役割の識別である[3]。そこでは，すなわち，業績成果報告書の精緻化と迅速な開示が求められている。

　業績（行政成果）公監査手続は，政府・地方自治体の作成した業績報告書またはSEA報告書の適切性または妥当性について実施される[4]。業績報告書は，財務諸表とは異質の報告書であるが，財務報告と同様に有用性を具備するためには，一定の特質または質的属性が保持されなければならない。GASBの2009年の提案されたSEA報告書の構成内容は，①目的と範囲，②主要な目標と目的，③キーとなるSEA業績測度，④結果とチャレンジの議論と分析であるとしている[5]。そして，その前提となる政府の業績マネジメントシステムの要素モデルは（図表7-1）のとおりである[6]。ここでは，業績指標の必要性と精緻化，業績予算の作成が求められている。

　業績報告書（Performance Statement）は，政府・地方自治体における行政の成果に対する報告書であり，その特質を付した名称としてアメリカ地方政府ではSEA報告書，イギリスではVFM報告書と呼ばれ，日本では近年，行政結

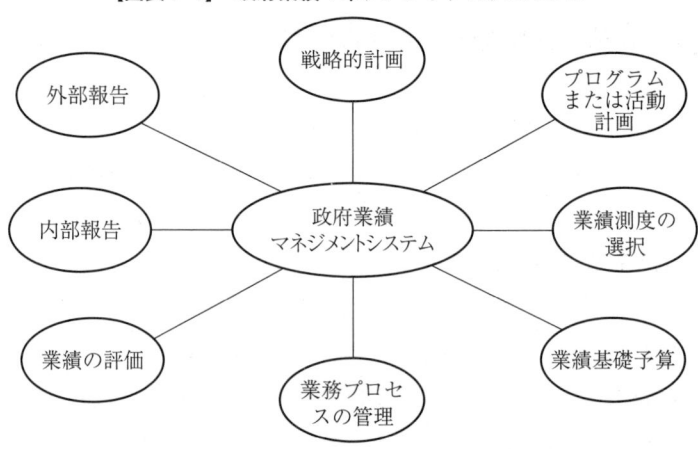

【図表 7-1】 政府業績マネジメントシステムモデル

```
        戦略的計画
                        プログラム
  外部報告              または活動
                            計画
              政府業績
  内部報告   マネジメントシステム   業績測度の
                                選択
  業績の評価              業績基礎予算
          業務プロセ
          スの管理
```

果報告書または政策評価報告書とも呼ばれる。したがって，これらを対象とする業績（行政成果）公監査も監査水準が充足される場合には行政公監査または行政（政策）評価公監査と呼ぶことができる。それ故，この業績（行政成果）公監査の対象が第3次パラダイム変化として識別される業績報告書の作成段階である。

　この政府・地方自治体の業績報告書の本質は，行政府の立法府に対する，国民や市民に対するパブリックアカウンタビリティ解除の目的の報告書であり，営利組織におけるアカウンタビリティ解除目的の財務諸表と同様の機能を有する。業績報告書は，公監査においては行政府のマネジメントの言明（アサーション）または陳述（representation）ともいわれる[7]。

　現代の政府の業績報告書の言明の中心は，政府による行政目的の結果の言明であり，これを表示するためには各政府諸機関の任務（missions）及目標（goals）を明示しなければならない。そして，目標と実績によってその達成結果（program results）を報告するのであり，したがって，目標と実績との差異（performance gaps）は，国民や市民等の業績情報の利用者の評価に耐えられる質を持つものでなければならない。それ故，業績報告書には，業績の測度（performance measures）と業績の指標（performance indicators）が表示されなけ

第7章　法規準拠性・業績（行政成果）報告の作成基準と公監査報告書

ればならず，そのためには業績の測定システム（performance measurement system）が確立明示される必要がある。したがって，政府・地方自治体の業績報告書は，財務・非財務の情報すなわち非貨幣数値情報も包含され，また，むしろ量的よりも質的情報が重視されることになり，「広範囲のアカウンタビリティ情報」または「政府のユニークな情報」と呼ばれる所以でもある[8]。わが国では，地方自治体においては主要施策の成果説明書や近年作成が推進されている行政成果報告書，国においては今後開始される予定の政策評価報告書や独立行政法人の事業報告書や行政サービス実施コスト計算書がこれに該当しよう。

アメリカ及びイギリスにおいては，国・地方自治体は，業績報告書は日常的にまたは継続的に作成公表されつつある[9]。これら業績報告書の事前及び事後の作成・開示によって，国民や市民の「公けの知る権利」が充足され，パブリックアカウンタビリティの「完全」な履行または「完全な及び十分」な公会計としてのディスクロージャーが行われ，いわば租税に対する「インフォームドコンセント」が得られることとなり，事前すなわち計画はまさに現在論争されているマニュフェストの基本的部分に相当することになる。

GASBの2009年提案によるSEA情報の質的特徴は次のように示される。①目的適合性，②理解可能性，③比較可能性，④適時性，⑤継続性及び⑥信頼性である[10]。特に信頼性については，検証可能性，客観性，範囲の包括性及び忠実な表現が求められている[11]。また，IPSASの2011年10月のCP「サービス業績情報の報告」においては，サービス業績情報の質的特徴として，①目的適合性，②忠実な表現，③理解可能性，④適時性，⑤比較可能性及び⑥検証可能性をあげている。そして，GPFRS（一般目的財務報告）においては，包括的な予測的な将来サービスニーズの情報が含まれ[12]，ここでは，有効性指標とアウトカム指標の作成・開示が求められている[13]。

また，ドイツでは，業績（行政成果）公監査が有効性監査の推進を強く進められており，そこで各段階で求められる有効性監査の方式を図示すると（**図表7-2**）のようになるのであろう。①は現状と政策実施後の比較方式，②は現状のままの結果と政策実施後の比較方式，③は政策目標と政策実施後の比較方式

123

【図表7-2】 有効性監査方式

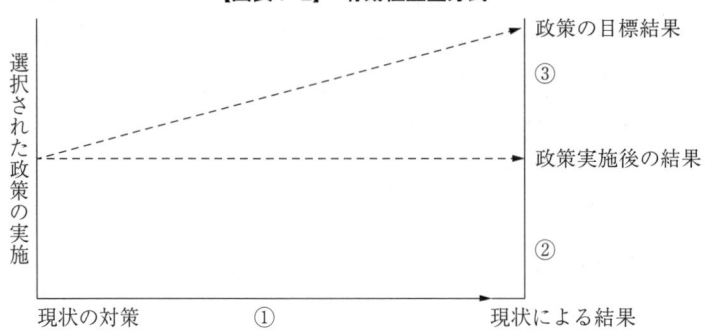

```
選                                      政策の目標結果
択                                          ③
さ
れ
た
政                                      政策実施後の結果
策
の                                          ②
実
施
     現状の対策    ①           現状による結果
```

である。ここでは政策（行政）評価公監査の領域と考えられ，業績（行政成果）報告書が求められている。[14]

アメリカにおける業績（行政成果）公監査の展開過程を示す近年の政府公監査基準（イエローブック）の改訂を比較すると（**図表7-3**）のようになる。[15]

【図表7-3】 アメリカ政府監査の業績（行政成果）公監査基準

（米）GAO 政府公監査基準（2003年版）	（米）GAO 政府公監査基準（2007年版）	（米）GAO 政府公監査基準（2011年版）
1. 一般基準（全体の基準と共通） 　(1) 独立性 　(2) 職業専門的判断 　(3) 適格性 　(4) 品質管理と保証 2. 実施基準 　(1) 適切な計画設定 　(2) プログラムの重要性 　(3) プログラムの理解 　(4) 内部統制の検討 　(5) 法律と規制の要件，契約条項，補助金同意書，不正及び濫用の直接的違反の監査の計画 　(6) 監査基準の検証 　(7) 前期監査結果及び証明業務の検討 　(8) 監査証拠の源泉の検証 　(9) 他の業務の検討 　(10) スタッフと他の資源の割当 　(11) 監査指標の準備	1. 倫理原則（共通） 2. 一般原則（共通） 　(1) 独立性 　(2) 職業専門的判断 　(3) 適格性 　(4) 品質管理と保証 3. 実施基準 　(1) 合理的保証 　(2) 業績監査の重要性基準 　(3) 監査リスク 　(4) 計画 　(5) プログラムの性質とプロファイル及び利用者のニーズ 　(6) 内部統制 　(7) 情報システム統制 　(8) 法規要件，契約と補助金アグリメントの条項，不正又は濫用 　(9) 前期監査と証明業務 　(10) 監査指標の検証 　(11) 他の業務の利用	1. GAGASの目的と適用可能性と倫理原則（共通） 2. GAGASの利用と適用（共通） 3. 一般基準（共通） 　(1) 独立性 　(2) 職業専門的判断 　(3) 適格性 　(4) 品質管理と保証 4. 実施基準 　(1) 合理的保証 　(2) 業績監査の重要性基準 　(3) 監査リスク 　(4) 計画 　(5) プログラムの性質とプロファイル及び利用者のニーズ 　(6) 内部統制 　(7) 情報システム統制 　(8) 法規要件，契約と補助金アグリメントの条項，不正又は濫用 　(9) 継続的調査と法的手続

第7章 法規準拠性・業績（行政成果）報告の作成基準と公監査報告書

3. 監査の基準 　(1) 適切な監督 　(2) 適切な指針の提示 　(3) 監査のレビューの文書化 4. 証拠の基準 　(1) 十分性, 適格性, 適合性のある証拠 　(2) 物理的, 文書的, 口頭的, 分析的証拠 　(3) 証拠の質と量 　(4) 証拠のテスト 　(5) 監査発見事項 5. 監査調書の基準 　(1) 監査の文書化 　(2) 発見事項, 結論, 勧告事項 6. 報告基準 　(1) 形式の基準 　(2) 監査結果の基準 　(3) 報告内容の基準 　　①目的・範囲・方法　②発見事項　③内部統制の欠陥　④不正, 違法, 契約または補助金合意書の条項の違反及び濫用　⑤不正, 違法, 契約または補助金同意書の条項の違反及び濫用の直接の報告　⑥結論　⑦勧告　⑧GAGASの準拠性の表明　⑨責任担当者の見解の報告　⑩特別許可及び機密情報の報告 　(4) 報告の前提的要素の基準 　　①適時性　②完全性　③正確性　④客観性　⑤確信性　⑥明瞭性　⑦簡潔性 　(5) 報告書の発行と配布基準	⑿ スタッフと他の資源の割当 ⒀ マネジメント, ガバナンス責任者その他とのコミュニケーション ⒁ 監査計画の作成 ⒂ 監督 ⒃ 十分・適切な証拠の収集 ⒄ 適切性 ⒅ 十分性 ⒆ 証拠の全体評価 ⒇ 発見事項の要素の展開 (21) 監査調書 4. 報告基準 　(1) 報告書形式 　(2) 報告内容 　(3) 目的・範囲・方法 　(4) 発見事項の報告 　(5) 内部統制の欠陥 　(6) 被監査機関外部への直接的な発見事項の報告 　(7) 結論 　(8) 勧告 　(9) GAGASの監査人の準拠性の報告 　(10) 責任担当官の観点の報告 　(11) 秘密又は機密情報の報告 　(12) 報告書の配布	⑽ 前期監査と証明業務 ⑾ 監査指標の検証 ⑿ 証拠の源泉の検証と必要とされる証拠の類型 ⒀ 他の業務の利用 ⒁ スタッフと他の資源の割当 ⒂ マネジメント, ガバナンス責任者その他とのコミュニケーション ⒃ 監査計画書の作成 ⒄ 監督 ⒅ 十分・適切な証拠の収集 ⒆ 適切性 ⒇ 十分性 (21) 証拠の全体評価 (22) 発見事項の要素の展開 (23) 欠陥の早期の伝達 (24) 監査調書 4. 報告基準 　(1) 報告書形式 　(2) 報告内容 　(3) 目的・範囲・方法 　(4) 発見事項の報告 　(5) 内部統制の欠陥 　(6) 不正, 法律・規制・契約・補助金アグリメントの条項の準拠性及び濫用 　(7) 被監査機関外部への直接的な発見事項の報告 　(8) 結論 　(9) 勧告 　(10) GAGASの監査人の準拠性の報告 　(11) 責任担当官の観点の報告 　(12) 秘密又は機密情報の報告 　(13) 報告書の配布

　以上のようにアメリカ政府公監査基準の業績（行政成果）公監査基準の設定・改訂活動は, ①GAASとの調和化, ②GAGAS（一般に公正妥当と認められる政府公監査基準）としての質的な確固たる位置付け, ③公監査人の任務と責任の範囲・水準をより明確化するための改訂活動であったことが判明するが, これには上述のような被監査機関の業績（行政成果）報告書作成基準の精緻化と普

及化の両輪の活動が必要である。

③ 法規準拠性公監査報告書

　法規準拠性公監査報告書の例示としてアメリカの連邦省庁の公監査報告書では下記のとおりである。

<例示1> 　法規準拠性に関する独立監査人の報告書

> 　△△連邦機関の管理者は，官庁に適用される法規に準拠する責任がある。その官庁の財務諸表に重要な虚偽記載があるかどうかについて合理的な保証を得る関係として，私ども（筆者注：民間会計士ファームである）は財務諸表の金額の決定に直接及び重要に影響する法規，非準拠性の一定の条項について及びFFMIA1996年法で言及されている要件を含むOMB公報No.01-02において規定されている一定のその他の情報についての準拠性の試査を実施した。私どもは，これらの手続の準拠性は試査に限定し，△△官庁に適用可能なすべての法規の準拠性は試査していない。
> 　私どもの試査の結果は当該官庁の財務管理システムが〔例えば，連邦財務管理システムの要件，取引レベルのUS政府基準の総勘定元帳で実質的な準拠性の欠陥が発見された3つの要件を明記する〕実質的に準拠していない場合，以下のように記載して実例を開示する。
> 〔もし監査の結果が1つあるいはそれ以上の以下の要件について実質的な準拠性の欠陥が開示されない場合は，次のように文章を加える。〕
> 　法規の特定の条項に準拠している意見の提示は，私どもの監査の目的ではない。したがって私どもはそのような意見を表明しない。（筆者注：意見表明の保証水準の有無を強調をしている。）

　ここでは，監査意見の保証水準の明示と法規準拠性監査結果報告を包含している。[16]

　アメリカ州・地方政府の単一監査法監査における法規準拠性監査報告書の例示は下記のとおりである。

第7章 法規準拠性・業績（行政成果）報告の作成基準と公監査報告書

＜例示2＞ OMB通達A-133に準拠した主要プログラムと内部統制に適用可能な要件の準拠性に対する報告（無限定意見の場合）

準拠性
（第1節）私どもは，××××年6月30日終了年度の主要プログラムに適用可能なUS OMB通達A-133に記載されている準拠要件の類型について△△エンティティの監査を行った。△△エンティティの主要な連邦プログラムは発見事項及び疑問コストの添付した明細表の監査結果の要約で検証を行った。主要連邦プログラムに適用可能な法規，契約及び補助金は，△△エンティティの管理者の責任である。私どもの責任は私どもの監査に基礎を置いた△△エンティティの準拠性に関する意見を表明することである。（筆者注：準拠要件に対する意見表明を行うことを明記している。）
（第2節）私どもはGAAS，GASに含まれる財務報告監査に適用可能な基準及び通達A-133に準拠して監査を実施した。これらの基準及び通達A-133は主要な連邦プログラムに直接及び重要な結果を発生させる上述の準拠要件の非準拠事項の有無について合理的な保証を得るための監査を計画し，実施することを要求する。監査はこれらの要件について△△エンティティに関して試査を基礎に証拠を検証し，その状況で私どもが必要と考えるその他の手続を実施することを含む。私どもは，私どもの監査が私どもの意見に対して合理的な基礎を与えることを信ずる。私どもの監査は，これらの要件に△△エンティティの準拠性の法的な決定を与えるものではない。
（第3節）私どもの意見では，△△エンティティは，すべての重要な点において××××年6月30日に終了する年度の主要な連邦プログラムの各々に適用可能な上述の要件に準拠している。しかしながら私どもの監査の結果は，OMB A-133に準拠して報告される必要のある，及びリストに記載してある発見事項及び疑問コストの添付してある明細表に記載してある非準拠性の例を開示した。（筆者注：非準拠の例を表示する消極的保証であることを明示している。）

適用されているSOP98-3は，現在は2003年よりAICPAの監査ガイドに含められ「AICPA監査ガイド-政府監査基準及び通達A-133の監査」として発行されている。[17]

4 業績（行政成果）公監査報告書

イギリス監査委員会（AC）の監査実務コード2010年第4章における監査報告書の記載要件は次のとおりである。

127

<例示3> 監査実施結果の報告

(1) 監査のアウトプット
　① 監査計画文書
　② 口頭及び文書報告書又はメモランダム
　③ 監査人の結論の要約のガバナンス責任者への報告
　④ 財務諸表の意見及び資源活用の3Eに関する結論の監査報告書
　⑤ 監査の法規要件準拠性の証明書
　⑥ 年度監査レター
(2) 監査報告の原則
　① 監査からのすべてのアウトプット
　　㋑明瞭性と簡潔性
　　㋺目的適合性
　　㋩結論と勧告の明瞭性
　　㋥迅速性
　② 報告内容
　　㋑監査業務の性質と範囲
　　㋺すべての重要な発見事項
　　㋩関心事の性質と根拠
　　㋥改善活動の適切性
　③ 3E業務への監査人の勧告
(3) 監査計画文書
(4) 監査業務の個別評価の報告書又はメモランダム
(5) ガバナンス担当責任者への報告書
(6) 監査報告書
　財務諸表の意見，3Eに対する結論について包含するもの
　　㋑内部統制の報告書
　　㋺3Eを阻止するすべての事項
　　㋩公共の利益に対するすべての事項
　　㋥監査人の特別権限
(7) 監査人証明書
(8) 年度監査レター
(9) 公共の利益の報告書
(10) 勧告事項
(11) 委員会への情報

　ここでは，ガバナンス担当責任者への報告を包含して財務諸表監査と3Eに対する業績監査の2区分としている。[18]

　業績（行政成果）公監査報告書として，テキサス州政府の業績測度の公監査

第7章　法規準拠性・業績（行政成果）報告の作成基準と公監査報告書

報告書の例示は下記のとおりである。

　＜例示4＞　テキサス州11州エージェンシーの業績測度の公監査報告書

[主要な報告書のポイント]
1. 全体の結論
　　被監査業績測度の信頼性は平均で68％の証明であった。前期の監査に比較してこの業績測度の監査期間中において54％に減少した。この正確性における減少は，このことがこの局面においてエージェンシーの大多数に対して最初の証明監査であったという疑問からであろう。意見決定者が彼らが報告した多くの重要な測度に依存することはできないけれども，この報告書で表明された業績測定システムへの改善勧告及び業績測定管理のための指針は，測度の信頼性を強化することになるであろう。
2. 主要な事実と発見事項
　　(1) レビューされた43業績測度の54％は信頼性があった。比較すると5個の以前の測度の監査に対する平均の正確性の割合は68％であった。しかしながらレビューの13局面は，被監査エージェンシーの大部分に対する最初の業績測度の監査であった。54％の信頼性の割合は，1994，1995財政年度に完成された業績測度の最初の監査と合致している。
　　(2) 被監査測度の23％は不正確であった。そして諸要素の残余の23％の証明を阻止された。
　　(3) 不適切な源泉文書，測度の定義の失敗，計算の誤り及び監督的レビューの欠如が不正確データの主要な要因であった。
　　(4) しかし，次の4つの被監査測度は100％信頼性があったということに注目すべきである。
　　　① 　州の訴追法律事務局
　　　② 　保安委員会
　　　③ 　労働者の報酬の調査－監査委員会
　　　④ 　州のリスクマネジメント事務局
　　(5) 州監査人事務所の，今夏インターネットによる自主評価用具を公表する計画がある。この用具は，業績測度を評価し改善することをエージェンシーに支援するための詳細な指針を提供することになるであろう。

　　　　　　　　　　　　　　　　　　　　　　　州監査人事務所×××，
　　　　　　　　　　　　　　　　　　　　　　　　CAP　△△△△

　かくして外部公監査としての業績（行政成果）公監査の究極的な目的は上記の業績測度の公監査報告である。[19]

＊小　　括＊

　国・地方自治体等の公的機関にとって，国民・市民・納税者からの税金・公金支出に対する効率的・効果的な使用に対する公監査要求は喫緊の課題となっている。法規準拠性公監査と業績（行政成果）公監査の制度構築のためには，公会計基準と公監査基準の設定が不可欠である。パブリックアカウンタビリティに関係する諸機関及び現行の公監査の関係者の一層の努力が望まれるところである。

【注】
1) APB, *Practice Note10, Audit of Financial Statements of Public Sector Entities in the UK,* (Revised). April 2001, pp, 3-9.
2) GASB, *Concepts Statement No. 1 of the Governmental Accounting Standards Board; Objectives of Financial Reporting,* May 1987, p. 16.
3) GAO, *Managing For Results, GPRA Modernization Act Implementation Provides Important Opportunities to Address Government Challenges,* May 2011. p. 2.
4) 鈴木豊「政府・地方自治体監査のパラダイム変化」『税務通信』税務経理協会，第54巻第3号，31〜37頁参照。
5) GASB, *SEA Performance Information, Proposed Suggested Guidelines for Voluntary Reporting,* October 2009, Summary.
6) ibid, p. 2.
7) GAO, *Executive Guide-Effectively Inplementing the Government Performance and Results Act,* 1996, p. 30.
8) E. S. Lynn and R. J. Freeman, *Fund Accounting-Theory and Practice,* Prentice-Hall. Inc. 1974. p. 772.
9) M. A. Dittenhofer, Applying Government Auditing Standards, Matthew Bender, 1997, p. 102.
10) GASB, op. cit. p. 9
11) ibid, pp. 13-14.
12) IFAC, *Reporting Service, Performance Information, IPSAS Consultation Paper,* October 2011. 9. 27.
13) ibid, p. 15.

14) B. W. V. *Erfolgskontrolle finanzwirksamer Maßnahmen in der Öffentlichen Velwaltung,* 1989, Kohlhammer, pp. 52-55.
15) GAO, *Government Auditing Standards,* July 2007. pp. i-iii.
   GAO, *Government Auditing Standards, 2011 Revision, December* 2011. pp. i-iii.
16) OMB Bulletin No. 07-04, *Audit Requirements for Federal Financial Statements,* 2007, pp. 14-21.
17) AICPA. *Statement of Position* 98-3, Appendix D, 1998.
   AICPA. *Government Auditing Standards and Circalar A-133 Audits,* March. 1. 2011.
18) Audit Commission, *Code of Audit Practice 2010,* March 2010, pp. 14-18.
19) The State of Texas, *Guide To Performance Measure Management 2000 Ed,* August 2000, pp. 19-20.

【参考文献】
（1） 鈴木豊「政府・地方自治体監査のパラダイム変化」『税務通信』税務経理協会, 第54巻第3号。
（2） AICPA. *Statement of Position* 98-3, Appendix D, 1998.
（3） AICPA. *Government Auditing Standards and Circalar A-133 Audits,* March. 1. 2011.
（4） APB, *Practice Note10, Audit of Financial Statements of Public Sector Entities in the UK,* (Revised). April 2001.
（5） Audit Commission, *Code of Audit Practice 2010,* March 2010.
（6） B. W. V. *Erfolgskontrolle finanzwirksamer Maßnahmen in der ÖOffentlichen Velwaltung,* 1989, Kohlhammer.
（7） E. S. Lynn and R. J. Freeman, *Fund Accounting-Theory and Practice,* Prentice-Hall. Inc. 1974.
（8） GAO, *Executive Guide-Effectively Inplementing the Government Performance and Results Act,* 1996.
（9） GAO, *Government Auditing Standards,* July 2007.
（10） GAO, *Government Auditing Standards, 2011 Revision,* December 2011.
（11） GAO, *Managing For Results, GPRA Modernization Act Implementation Provides Important Opportunities to Address Government Challenges,* May 2011.
（12） GASB, *Concepts Statement No. 1 of the Governmental Accounting Standards Board; Objectives of Financial Reporting,* May 1987.
（13） GASB, *SEA Performance Information, Proposed Suggested Guidelines for Voluntary Reporting,* October 2009, Summary.
（14） IFAC, *Reporting Service, Performance Information, IPSAS Consultation Paper,*

October 2011. 9. 27.
（15） M. A. Dittenhofer, Applying Government Auditing Standards, Matthew Bender, 1997.
（16） OMB Bulletin No. 07-04, *Audit Requirements for Federal Financial Statements*, 2007.
（17） The State of Texas, *Guide To Performance Measure Management 2000 Ed*, August 2000.

（第 7 章担当　鈴木　豊）

第8章

公監査プロセスと QC チェックリスト

＊プロローグ＊
1. 法規準拠性公監査プロセスと QC チェックリスト
2. 業績（行政成果）公監査プロセスと QC チェックリスト
＊小　　括＊

＊プロローグ＊

　本章では，実務に資するための法規準拠性公監査と業績公監査の実際の監査実施プロセスを示したものである。同時に，実施した公監査手続の品質を事後にチェックするための留意点を示している。

1　法規準拠性公監査プロセスとQCチェックリスト

　業績（行政成果）公監査の第一段階は，当該団体またはエンティティに求められる目的の業績であり，これらは予算措置とともに法規で規定されている。それ故，この法規の意図である業績を特定し評価しなければならない。故にこの領域は法規準拠性公監査過程と同様である。「法規準拠性公監査プロセスとQCチェックリスト（法規準拠性の公監査の留意点）」を示すと，（**図表8-1**）のとおりである[20]。

【図表8-1】　法規準拠性公監査プロセスとQCチェックリスト

	公監査過程とQCチェック項目		法規準拠性公監査実施上の手続・技術，証拠資料，根拠データ等の例示
(ステージ1) 法的な前提の根拠を確証化する段階			
1	首長，マニュフェストの有無		マニュフェストと準拠法規との連関
2	立法府の政策決定方針		立法過程と趣旨・意図
3	根拠法規		（オーソリティ・権能）法令，規則，議会の命令，指示，市の条例，団体の定款・権力からの委任事項
4	法規条文・趣旨		法的（立法上の）要件と運用手続
(ステージ2) 具体的な法規準拠の目標・指標を確証化する段階 ⇔ 公監査の視点でもある			
5	目標法規準拠性の趣旨の確証 （非準拠性趣旨）	(1) 合法性	狭義の合法性・違法性の指標
		(2) 合規性	規則等の合規性・非合規性の指標
		(3) 要綱準拠性	補助金要綱等の準拠性・非準拠性の指標

5	目標法規準拠性の趣旨の確証 （非準拠性趣旨）	(4) 準拠性	契約・協定書・覚書条項の準拠性・非準拠性の指標
		(5) 不正	不正・横領・私消行為の指標
		(6) 誤謬	誤謬の指標
		(7) 濫用	濫用, 効率性・有効性指標, コスト効率性・有効性指標
		(8) 3E + 2E	経済性・効率性・有効性・公平性・倫理性の指標
6	法令解釈・基準の確証		法令解釈の枠組み, 法令等趣旨・意図の解釈リスク, 準拠ガイダンス
7	違法性・不適切支出の確認		違法性, 不当性, 不適切支出の指標
8	不正・濫用基準の確認		許容可能性と不当性, 合理性と支持可能性
9	業績の法規準拠性		3E〜5Eの法規準拠内容の確認
10	法規準拠性の確証		行政活動の範囲・性質による準拠要件, すべての準拠法規の開示
11	法規意図の確証		法規の立法趣旨・意図の分解と解釈, 支出・歳出意図の指標
12	重要性水準		法規準拠性意見の重要性判断基準
（ステージ3）行政側の法規準拠性の維持プロセスとリスク管理を確証化する段階			
13	法規の準拠性責任者実施プロセス（工程表）		法規準拠性の認識・実施・監視・結果報告・公表プロセス
14	法規準拠性の重要性		摘発・報告・開示の重要性基準
15	内部統制・内部監査・会計プロセス		法規非準拠性の抑止, 組織的構造・責任者・担当者の職員の統制方法
16	証拠の証明力		証拠力・信憑力の強弱指標
17	非準拠性法的評価システム		矯正された非準拠性, 法令・議会の意図との適合性評価
18	法規準拠性結果報告書（アサーション）		意図された目的と規制手続との適合性
19	法規準拠性リスク認識		統制手続の欠陥, 管理者・職員の意識水準, 隠蔽工作リスク
20	法規準拠性公監査リスクの評価		リスクアプローチ（監査的・政治的・統制的）, 公監査準拠基準の設定の有無
（ステージ4）公監査人側の公監査リスクと公監査手続の留意点を確証化する段階			
21	責任別・業務別・担当者別リスク分析		リスク分析プロセスと要素
22	公共調達リスク		公共調達・談合・高コストリスク
23	法規準拠性結果の虚偽報告		準拠性指標の粉飾, 逆粉飾
24	法規準拠性結果報告書の公監査の目的		住民への不利益, 財務的脅威の発見

25	法規準拠性公監査実施手続・証拠	合法性		法令上の解釈上の識別，合法性テスト，リスク評価・実証手続
		合規性		規則上の解釈上の識別，合法性テスト，リスク評価・実証手続
		準拠性		契約等の解釈上の識別，合法性テスト，リスク評価・実証手続
		不正		不正・横領の摘発手続
		誤謬		誤謬の発見手続
		濫用		濫用・効率性・有効性評価手続
		クレイム		クレイム・事故の分析とクレイムの指標
26	法規準拠性公監査証拠			法的証拠論と公監査証拠論
27	法規準拠性公監査手続上の留意点（非準拠性の指標）			①法規の立法・改正 ②クレイムの申立 ③補助金支出の適法性 ④予算議決超過額 ⑤年度末・開始時の支出 ⑥未決項目 ⑦立法・議会意図との合致性 ⑧異常取引の端緒，新しいベンチャー ⑨取引と決算バランスの適切性 ⑩期待値と合致性 ⑪過払・前払の適切性 ⑫間違って計算された支払いか ⑬詐欺的要求によってなされた支払いか ⑭法規準拠性公監査と業績公監査の留意点 ⑮法規趣旨と3～5Eの観点 ⑯負債・引当金・偶発債務・債務負担行為・注記の必要性 ⑰過大なコミッション，手数料 ⑱会計システム・原始証憑の不備 ⑲未承認の取引，不同意の支出 ⑳メディアのコメント ㉑立法上の要件の無知・軽視 ㉒決定的証拠と説得的証拠 ㉓非準拠の重要性（貨幣的・非貨幣的） ㉔調定・裁定額の調整可能性 ㉕前期発見事項，後発事象の検証 ㉖公監査調書の証拠能力
28	内部監査との共働			外部・内部公監査人
29	立法府の審議公式記録の閲覧			立法府の議事録・会議録
30	特別監査要件の追加的手続			法的要件の追加的法規準拠性
31	レビュー，同意された手続			保証水準の識別
32	強制的監査領域の適格性			任意的・強制的公監査手続
33	虚偽表示リスクの検証			法規準拠性業績報告書の粉飾
(ステージ5) 法規準拠性公監査手続の実施による結果の報告を確証化する段階				
34	法規準拠性公監査報告書			保証水準・事実報告，報告可能性の判定，監査報告内容の公監査人の自由裁量性
(ステージ6) 公監査結果報告書への対応・処理手続と公表を確証化する段階				
35	意見と結果の報告			意見と結果報告の保証水準
36	立法府とのコミュニケーション			政策決定プロセスの明確化

37	法規準拠性違反の弁明		違法，準拠性違反の弁明の機会
38	法律家とのコミュニケーション		法的解釈の詰め
39	非準拠性報告		非準拠性・不適切性支出の報告・開示
40	非準拠性の措置・伝達状況		法規準拠性違反事項の処分・伝達
41	結果公表・公開		法規準拠性違反事項の公表・公開，web 公表
42	行政・司法手続		法的アドバイザー，行政内手続，司法手続，担当部局等の責任水準の明確化
43	迅速なフォローアップ		法規準拠性違反の改善
(ステージ 7) 公監査人の独立性・適格性の判定を確証化する段階			
44	公監査人の適格性	独立性	情報・証拠へのアクセスの自由裁量，証拠の完全性
		適格性	法規準拠性の理解度，法規準拠性公監査と財務公監査の法規準拠性の区分の理解度
45	法規準拠性公監査の品質管理		公監査手続・証拠の品質管理
(ステージ 8) 立法府の処置を確証化する段階			
46	立法府の審議・決算・予算		議会への報告，承認，議会の責任水準の明確化
47	財務・業績管理システム		財務取引・業績成果統制システム
48	財務モニタリングシステム		財務・財源調達の監視システム
(ステージ 9) 事後の格付を確証化する段階			
49	評価・格付		内部監査・業績管理統制の評価
(ステージ 10) 責任水準を確証化する段階			
50	法的責任・ペナルティの履行		行政的・司法的ペナルティ・予算削減，担当人員削減

(2013 年 1 月　鈴木　豊作成)

　上図において特に業績（行政成果）公監査で留意すべき法規準拠性の観点は，1～6 に関して求められる業績目的の方針・目標からどのように各事業・業務毎への落し込みがあるか，である。そして，これらは出来得る限り定量化され，これが測度及び指標の機能を有していなければならない。また，**(図表 8-1)** にあるように業績（行政成果）公監査と法規準拠性公監査との相互関係においては，業績結果及び成果の法規準拠性・非準拠性の有無を 12 の重要性水準との関連において評定しなければならない。[21]

2　業績(行政成果)公監査プロセスと QC チェックリスト

　業績(行政成果)公監査すなわち，3E〜5E 監査または VFM 監査の実施・報告過程を図表化して示すと(**図表 8-2**)のとおりとなる。

【図表 8-2】　業績(行政成果)公監査プロセスと QC チェックリスト

	公監査過程と QC チェック項目		業績公監査実施上手続・技術，証拠資料，根拠データ等の例示
(ステージ1)　業績方針の法的根拠の確証化の段階			
1	首長マニュフェストの有無		マニュフェストで「健全化・活性化のための取組，良質な行政サービスの提供のための取組」を公約
2	立法府の政策決定方針(達成目標)の明確化		中期計画，予算関連資料，地域行政サービス計画の明示
3	業績目標管理方針の明確化		業績(財務・非財務)指標による経営管理方針の明示
4	根拠条文(法規準拠性)		事業の設置等に関する法令・条例・規則
(ステージ2)　目標達成の管理システムと具体的な指標・コスト指標の確証化の段階			
5	目標業績管理システムの確証		中期運営プラン(中期・年度計画)，部門別，業務別目標設定，経営改善行動計画，民間機関との機能分担等を明示
6	目標業績測度・指標	(1) 経済性	平均当たり業務コスト指標，ABC 計算，工事・物品購入・業務委託の入札価格抑制(価格交渉)の指標，入札手続段階の各指標
		(2) 効率性	効率的使用コスト指標，期限切れ物品等の指標
		(3) 有効性(結果＝output)	業務の達成度・必要性・妥当性指標
		(4) 有効性(成果＝outcome)	業務有効性・効率性インディケーターと比較指標，市民・利用者満足度指標，機能・拠点単位による指標の向上
		(5) 有効性(代替案，代替コースのレイアウト)	地方独立行政法人化，指定管理者方式，PFI 等の比較指標，外部環境指標
		(6) 公平性・倫理性	行政サービスの公平性と倫理性の適用指標
		(7) 短・中・長期インパクト	短・中・長期的影響度の指標
7	ベンチマーク・標準(スタンダード)指標(クリアリングハウス化)		行政サービス業務との比較，事業の独立採算性指標，行政サービスの効率性・品質指標

第8章 公監査プロセスとQCチェックリスト

8	コスト指標（フルコスト，共通原価の配分）	行政サービス費用（給与費，材料費，経費，減価償却費やその他費用），直接費・間接費配賦計算手続，機会原価
9	コスト効率性・有効性	コスト効率性指標，コスト有効性指標
10	業績意図の確認	法規の立法趣旨・意図の分解と解釈
11	業績準拠性・評価の重要性水準	結果報告，改善勧告報告，開示の重要性基準
12	測度・指標の妥当性・適切性水準	測度・指標の合理性，正確性，妥当性，目的合致性
(ステージ3) 業績公監査証拠の説得性・理論性の確証化の段階		
14	業績証拠の証明力・立証性	証拠力・信憑力の強弱指標，説得性・論理性証拠
(ステージ4) 目標業績の法的根拠の確証化の段階		
15	業績の法規準拠性	3E〜5Eの法規準拠性内容の確認
16	業績計画・実施・報告・フォローアップの法規準拠性	業績遂行手続の合法性
(ステージ5) 目標業績達成の実行計画─実施過程─評価過程─報告書作成過程の確証化の段階		
17	業績（行政）成果計画書の作成の有無	業績測度・目標値，マネジメントシステム・業務インディケーター等業績目標達成指標と個別事業予算書と関連性の明示，BbyC指標の明示，進行管理
18	目標実施プロセス（工程表）の公表の有無	予算要求（積算）書類上の目標達成スケジュール（例：物品・サービスの管理体制，部門別・業務別進捗状況管理手法の実施プロセス）
19	業績（行政）成果測定プロセス（マニュアル）設定の有無	業務別会計資料，部門別・業務別損益計算書，業務別損益計算手続・成果集計システム（ルール化・マニュアル化），成果統括部署チェックシステム
20	業績（行政）成果評価プロセス（PDCA）設定の有無	成果測定結果と，（事前設定）目標との比較，指標自体の客観性・信頼性の分析・評価システム，一般会計費用負担額指標，インディケーター比較分析，政策評価プロセス
21	業績（行政成果）報告書（年次）の公表の有無	アサーションの設定，経営改善行動計画，年次（業績）報告書の作成と公表，業績成果の決算関連書類への的確な明示・公表，説明情報，業績成果指標の欠陥性の報告
22	プログラム環境，オペレーション環境の評定	行政サービスプログラムの環境条件
23	政策決定過程の報告書の公表の有無	業績政策決定プロセス
24	業績成果指標の重要性水準の明示	質・量的水準

	(ステージ6) 行政側の業績管理統制リスクへの対応の確証化の段階		
25	マネジメントリスクの認識（業績管理統制）水準		業務ミス，業務のリスクの識別，ガバナンス体制
26	リスク低減対応策の明確化		経営効率化の方策，インセンティブ方式の導入，業務ミスリスクの対策
	(ステージ7) 公監査対象業績の特定化と対応の監査手続・収集すべき証拠資料の確証化の段階		
27	業績成果報告書の公監査の目的（objectives）の設定		業績公監査目的の特定・業績実績の報告・意見聴取，行政評価（事務事業評価）としての自己評価・第三者評価，監査手続（現地視察，質問，閲覧，吟味，分析手続）の適用方針
28	目的水準の予備調査		公監査目的と保証水準決定の予備調査
29	業績公監査目的の公共の利益性の評価		業績公監査の市民・納税者の役割期待度
30	組織的公監査手続の実施体制		組織的・チーム的・業務相関関係
31	業績公監査技術・手続の開発体制		公監査技術・手続の開発と集積
32	業績公監査手続・証拠	① 効率性（経済性）の検証（インプット・アウトプット）	物品の効率的使用監査，施設管理保守契約の随意契約妥当性の監査，保守管理・発注方法（例：分割・一括発注）の監査
		② 有効性の検証（アウトカム，インフルエンス）	マネジメント・業務インディケーターの指標の確認，アウトカム評価，インパクト評価指標
		③ 公平性・倫理性の検証	行政サービス及び受け手の公平性・倫理性の指標の監査
		④ コスト効率性・有効性の検証（機会費用）	部門別・課別・業務別コスト計算，コスト効率性・コスト有効性の監査
		⑤ フル・ネット・トータルコストの識別と算定根拠	コスト分析，集計プロセス
		⑥ 代替コースのレイアウトの明確化	行政サービスの代替コースの提示・選択の指標の監査
		⑦ 適用プロセスの明確化	行政サービスの事前・継続中・事後プロセスの各段階監査
33	業績成果報告書作成マニュアルの検証		業績成果報告書の作成プロセスマニュアル
34	業績公監査手続上の留意点の明確化		保証水準の明示，保有資産の定期的現物検査（記帳・転記漏れ），高額機器の利用状況，遊休資産，未収金，不納欠損等，貸倒引当金，退職給付引当金，単位間調整勘定，内部留保資金残高，預り金，物品のコストと管理体制（紛失ロス管理含む），高額物品消耗品管理，負担金操作，カットオフの調整，個人情報確保（顧客），苦情（クレイム）報告書，業績公監査証拠の類型と信頼性の測定，業績管理統制の評価，公監査調書の完全性と証拠能力

第 8 章　公監査プロセスと QC チェックリスト

35	業績公監査の事前・継続中・事後的適用の合理性		事前・事業継続中・事後公監査の適時性
36	業績公監査の証拠の合理性・説得性の判定		証拠の理論性・説得性
37	業績成果の包括的評価		成果評価の包括的・理論的評価
(ステージ 8)　業績公監査報告書の作成・審査プロセスの確証化の段階			
38	業績公監査報告（利用者・利用目的）の作成プロセス		監査委員による業績公監査（行政監査,財務監査の 3E～5E 監査）と包括・個別外部監査目的の確認，公監査結果報告書，公監査意見報告書，改善勧告報告書，監査報告書の保証水準
39	業績公監査非準拠性報告の明示		非準拠性報告，業績測定の品質報告，業績結果・改善報告
40	業績公監査報告書の保証水準の明示		保証業務水準の確定手続
41	業績公監査報告書の限界表示		業績公監査報告書利用者への警報
42	業績公監査の建設的勧告事項の明確化		公監査結果による改善勧告の強弱
43	業績公監査意見の説明の論理性・説得性		公監査意見の論理的説明性
44	政策の功罪，価値判断の境界基準の明確性		有効性意見の境界判断基準
(ステージ 9)　業績公監査による非準拠性結果の報告の確証化の段階			
45	行政府の措置状況（改善勧告）		経営改善・フォローアップ委員会の開催，監査結果の執行機関の改善・見直しシステムの妥当性，結果フォローアップシステムの有効性，担当部局等の責任水準の明確化
46	結果公表の有無		決算書（事業別報告），中期計画の達成状況，行政評価の結果報告書の作成・公表，web 公表
(ステージ 10)　公監査人の独立性・適格性の確証化の段階			
47	公監査人の適格性	独立性の判定	当該自治体と利害関係無し，外部公監査人，内部公監査の利用
		適格性の判定	業務・業績監査の専門能力を有する者，公認会計士等の専門家の活用
48	他の専門家の利用の妥当性		業績公監査の専門知識の活用水準
49	公監査人の業績公監査の正当な注意の評価		公監査人の職業的懐疑心
(ステージ 11)　公監査の QC プロセスの確証化の段階			
50	品質管理（内部・外部 QC）プロセスの妥当性		業績成果測定・業績公監査プロセスのレビュー，外部 QC
(ステージ 12)　立法府の処置の確証化の段階			
51	立法府の審議（決算・予算）・措置状況の評定		当該監査報告・成果報告の議会での次年度予算審議活用，議会の責任水準の明確化
(ステージ 13)　業績公監査の結果による財務・財源システムの確証化の段階			
52	財務管理システム（財源・財務）設定の評定		資金運用・調達・財源選択（短期・長期借入），自己収入財源の見直し

(ステージ 14) 事後的評価・格付の確証化の段階		
53	評価・格付の有無とその評定	業績成果報告書・監査報告書の水準，品質の評価指標の影響
(ステージ 15) 業績公監査結果に対するインセンティブ付与及び責任の確証化の段階		
54	インセンティブの妥当性／責任の明確化の妥当性	ベスト・ベタープラクティスの報償性と不十分，欠陥の責任性
55	ペナルティの履行の合法性・準拠性	経済性・効率性・有効性欠陥事務事業執行のペナルティ，次年度予算削減・補助金の削減（返還），効率性・有効性欠陥の人員配置の見直し

(2013 年 1 月　鈴木　豊作成)

　上図の 1〜55 は，業績（行政成果）公監査過程を示すと同時に公監査過程で留意すべき業績公監査要点を示したものである。これら諸要点は，前述した業績（行政成果）公監査基準に則った観点でもある。それ故，業績（行政成果）公監査人は，これらの諸観点について職業専門家として正当な注意をもって遺漏なく公監査を実施・報告すべきこととなる。

＊小　　括＊

　本章の法規準拠性公監査プロセスと QC チェックリスト及び業績公監査プロセスと QC チェックリストのマニュアルによって，立法側・行政側・公監査人側は各ステージにおけるミッションを識別しなければならない。

(第 8 章担当　鈴木　豊)

【注】
1) AICPA, *Audit & Accounting Guide, State and Local Governments,* 2010. March. chapter 11, 12.
2) MA. Dittenhofer, *Applying Government Auditing Standards,* 2008, chapter 30, 36.

第9章

地方公共団体の公監査制度改革に関する意識調査と今後の展開方向

プロローグ
1 意識調査の実施概要
2 質問趣旨と分析結果
小　括―業績(行政成果)公監査の諸外国の展開―

＊プロローグ＊

　第4章の再述となるが，2010年に総務省が設置した地方行財政検討会議では，地方公共団体における大都市制度，議会・首長のあり方，さらに財務会計制度の見直し，監査制度の見直しなど地方自治法の抜本的見直し論議が行われてきた。[1]同会議では，同年6月に『地方自治法抜本改正に向けての基本的な考え方』，翌7月に『監査制度の見直しの方向性について（たたき台）』などを経て，2011年1月に『地方自治法抜本改正に向けての基本的な考え方（平成22年）』を公表した。これらによると，地方公共団体の監査制度に関して次のような記述がなされている。[2]

(1) 監査委員監査及び外部監査からなる現在の地方公共団体監査の諸制度が有効に機能しているのか疑問が多く，特に現行制度の課題については，監査委員監査には独立性・専門性に限界があり，また，外部監査には専門性・組織性に限界がある，としている。

(2) よって，現行の監査委員制度及び外部監査制度は，廃止を含め，ゼロベースで大胆に見直すこととし，制度を再構築するべきであり，その際には，監査機能についての概念を整理した上で，監査の主体，方法等に関して，住民の信頼の確保と，地方公共団体の行政運営の効率性にも配慮した監査の実施の両立が図られるような制度を検討していく必要がある，としている。

　具体的には三つの案が示されており，案①は，長の責任をより明確化するとともに，独立性・専門性をより高めるため監査の外部化を進めるもの，案②は，内部の行う監査と外部の行う監査を明確化するもの，案③は，監査の独立性・専門性をより高めるため，地方公共団体が地方監査共同組織を設立して監査等を共同して行うものである。また，地方公共団体の外部に設置する監査共同組織が監査基準の設定主体として位置づけられている。

　特に留意すべきは，いずれの案においても議会の監視機能や長の行政評価に

第9章 地方公共団体の公監査制度改革に関する意識調査と今後の展開方向

委ねることに替えることにより、行政監査（地方自治法199条2項）は廃止することとされている点にある。

なお、2010年中は早期に監査制度を改善する意向が垣間見えたものの、2011年1月公表の『地方自治法抜本改正についての考え方（平成22年）』では「制度化に向け、関係者の意見を聴きながら更に詳細に検討」と慎重な姿勢が現れた。加えて、同年8月から議論の舞台が第30次地方制度調査会に移った後は、地方議会改革、首長の専決権限、大都市制度などが優先議題とされ、監査制度改革の議論は若干の小休止といえる状況である[3]。ただし、地方公監査制度の改革は早晩行われるものと考えられる。

したがって、本章では、地方公共団体の監査委員事務局を対象に、こうした地方行財政検討会議で議論された監査制度改革に関して、課題認識及び意見についてアンケート形式で問うことにより、その問題意識・見解を調査・分析し、それらを踏まえて今後の監査制度のあり方について考察を行うものである。

1 意識調査の実施概要

(1) 調査方法

全国都市監査委員会の定期総会時に各監査委員事務局へ調査票を配布し、郵送または電子メールによる回答を得る形式をとった。なお、全国都市監査委員会とは、監査委員相互の連絡、監査に関する研修会、講演会の開催、調査研究資料等の発表・交換などを目的として、昭和27年に設立された各市等（都道府県、町村を除く。加盟団体は805都市等（782市、23組合等、2011年4月現在））の監査委員で構成される任意団体である。

(2) 調査対象数及び回答数

① 調査対象都市数（定期総会参加都市数）542 市 19 組合

調査対象都市数（定期総会参加都市数）

	市	組合等
北海道	27	2
東　北	36	3
関　東	132	3
東　海	102	2
北　陸	33	―
近　畿	76	8
中　国	39	1
四　国	25	―
九　州	72	―
合　計	542	19

② 回答数　137 市（回答率 25.3%）及び 2 組合等

(3) 調　査　期　間

2011 年 8 月 26 日から同年 9 月 30 日まで

2 質問趣旨と分析結果

(1) 不適正経理と公監査制度に関する認識 (図表 9-1)

Q1. 地方自治法の監査制度改革は，不適正経理への対応が必要であると思いますか。

Q2. 地方行財政検討会議検討資料「監査制度の見直しの方向性（たたき台）」で示された「3つの案」による改革が行われた場合，監査が有効に機能す

第9章　地方公共団体の公監査制度改革に関する意識調査と今後の展開方向

【図表9-1】

選　択　項　目	Q1	Q2	Q4	Q5	Q6	Q7
大変思う・思う	105	38	74	71	121	12
どちらともいえない	27	81	59	43	16	38
思わない・全く思わない	6	18	5	25	2	89
その他	1	2	1	0	0	0
合　　計	139	139	139	139	139	139

ると思いますか。その理由をご教示ください。
Q4．不適正経理では，受注側の民間企業にも不正があると思いますか。
Q5．不適正経理などには監査制度の前に，単年度主義，出納整理，国庫補助金等の公会計制度を変える必要があると思いますか。
Q6．不適正経理の防止には，地方公共団体における内部統制の構築が必要であると思いますか。
Q7．不適正経理の監視は，本来議会が行うべきであると思いますか。

　上記設問は，いずれも不適正経理の監視方法に関する問題意識を明らかにしようとしたものである。

　地方行財政検討会議での監査制度改革に関する議論にもあるように，ここ数年間，会計検査院の検査等を契機とした地方公共団体における諸々の不適正経理（国庫補助対象外経費の請求，業者預け金の存在など）に対応するためには，監査制度の見直し及び各団体内の適切な内部統制の整備・運用が必要との認識が大勢を占めている。また，監査制度に先立ち，公会計制度の改善を求める意見も多く寄せられている。

　不適正経理の監視は，内部統制が一義的に防止するものであるとしても，当然に公監査も重要な役割を担う。特に，住民代表である議員の責任は大きい。

　ここで，特にQ7について人口区分別に分析をする。

> Q7．不適正経理の監視は，本来議会が行うべきであると思いますか。

　Q7の設問は，地方公監査制度改革の契機と不適正経理の監視方法についての問題意識を明らかにしようとしたものである。

選択項目	回答数 （割合）	人口区分別内訳（万人）				
		10未満	10～19	20～29	30～49	50以上
① 大変思う	2 1.4 %	1 1.2 %	0 0.0 %	1 12.5 %	0 0.0 %	0 0.0 %
② 思う	10 7.2 %	7 8.3 %	2 6.1 %	0 0.0 %	1 11.1 %	0 0.0 %
③ どちらともいえない	38 27.3 %	22 26.2 %	10 30.3 %	2 25.0 %	2 22.2 %	2 40.0 %
④ 思わない	80 57.6 %	49 58.3 %	18 54.5 %	5 62.5 %	5 55.6 %	3 60.0 %
⑤ 全く思わない	9 6.5 %	5 6.0 %	3 9.1 %	0 0.0 %	1 11.1 %	0 0.0 %
⑥ その他	0 0.0 %	0 0.0 %	0 0.0 %	0 0.0 %	0 0.0 %	0 0.0 %
合　　計	139 100.0 %	84 100.0 %	33 100.0 %	8 100.0 %	9 100.0 %	5 100.0 %

（注）：人口区分は平成22年国勢調査時の数値による。また，組合等は人口区分「～99千人（最低ランク）」に含んで表示している。同様の表は以下同じ表示である。

　今般の公監査制度改革は，住民自ら暮らす地域について決定し，責任を持つという地域主権が進むことで，地方公共団体への信頼性確保の1つの手段とする必要がある。

　また，会計検査院の検査の結果，不適切経理が多くの自治体で発見され，裏金，水増し請求，預けなどが社会問題となってしまったことで，それらの不適切経理に対応することが住民の関心の1つとなっている。

　このような状況下，事後チェックとしての監査機能が十分役割を果たし，地方公共団体における適切なガバナンス，そしてそのモニタリングの方法が構築

され，パブリック・アカウンタビリティを履行し得るような改革を行わなければならない。

　回答では，議会が監視を行うべきとは「思わない（57.6％）」，「まったく思わない（6.5％）」との回答が大変に多い。なお，地方公共団体の規模別による回答の傾向はみられなかった。

　諸外国では，「公監査人」を「Legislative Auditor」，つまり，立法府監査人，議会監査人という。本来，議会の議員が直接公監査を実施すべき，あるいは議会が専門家に委嘱すべきであり，そして，最終責任は議会，議員が負わねばならないということである。また，アメリカでは「Legislative Auditor」とは別に「Inspector General」（監察総監）という，警察権・司法権（拳銃所持も可能）を認めた者を選挙によって選び，入札等における不正や違法行為を防止する制度もあることを付言したい。

　地方公共団体のガバナンス，そして，そのモニタリングの観点から，監査と議会の改革が一体で行われることは有意義であり，その際には議会，さらには議会が選任する公監査人が監視する仕組みが必要であると考える。例えば，包括外部監査人も「legislative auditor」の位置づけとしての独立公監査人とし，役割・機能強化，併せて責任強化の仕組みとその担保も検討していく必要がある。

(2) 不適正経理防止への対応に関する認識（図表9-2）

Q8．職員による資産横領等の不正は，内部統制によって防止できると思いま

【図表9-2】

選　択　項　目	Q8	Q9	Q10	Q11	Q12	Q13
大変思う・思う	71	32	99	83	5	122
どちらともいえない	49	44	33	45	26	13
思わない・全く思わない	19	63	6	11	108	2
その他	0	0	1	0	0	2
合　　　計	139	139	139	139	139	139

すか。
Q9. 内部統制の整備は，不適正経理の際の首長など責任者の管理監督責任の免責事由になると思いますか。
Q10. 地方自治法を改正しなくても，例えば，組織及び運営の合理化等，現行法令の解釈により，本来内部統制を構築，整備する必要があると思いますか。
Q11. 内部統制が整備されることで，監査が効率的かつ有効的に機能すると思いますか。
Q12. 内部統制の整備に伴い，例月出納検査や基金運用状況審査などは実施しなくてもよくなると思いますか。
Q13. コンプライアンスを中心とした内部統制では，規定などが適切に整備されていても，有効に運用されているかモニタリングする機能が重要であると思いますか。

回答結果をみると，内部統制の整備の効果として，資産横領等，監査の効率化等への寄与を挙げている。しかし，Q12の回答によると，これらの整備が行われたとしても，監査委員が従来実施している検査・審査の廃止には懐疑的である。また，公的機関では内部統制の整備に関する法令規則は既に十分有しているが，その運用に課題があると認識していると思われる。

ここで，特にQ9について人口区分別に分析をする。

> Q9．内部統制の整備は，不適正経理の際の首長など責任者の管理監督責任の免責事由になると思いますか。

Q9の設問は，地方公共団体における内部統制に関しての構築，維持の義務は，誰が何故負うかの問題意識を明らかにしようとしたものである。

第 9 章 地方公共団体の公監査制度改革に関する意識調査と今後の展開方向

選 択 項 目	回答数 （割合）	人口区分別内訳（万人）				
		10未満	10～19	20～29	30～49	50以上
① 大変思う	3 2.2 %	2 2.4 %	1 3.0 %	0 0.0 %	0 0.0 %	0 0.0 %
② 思う	29 20.9 %	18 21.4 %	8 24.2 %	0 0.0 %	2 22.2 %	1 20.0 %
③ どちらともいえない	44 31.7 %	27 32.1 %	11 33.3 %	2 25.0 %	2 22.2 %	2 40.0 %
④ 思わない	58 41.7 %	34 40.5 %	12 36.4 %	5 62.5 %	5 55.6 %	2 40.0 %
⑤ 全く思わない	5 3.6 %	3 3.6 %	1 3.0 %	1 12.5 %	0 0.0 %	0 0.0 %
⑥ その他	0 0.0 %	0 0.0 %	0 0.0 %	0 0.0 %	0 0.0 %	0 0.0 %
合 計	139 100.0 %	84 100.0 %	33 100.0 %	8 100.0 %	9 100.0 %	5 100.0 %

（注）：回答では，首長の管理監督責任の免除事由になるとは，「思わない（41.7 %）」，「全く思わない（3.6 %）」の数が比較的多いといえる。なお，地方公共団体の規模別による回答の傾向は見られない。

　首長は，不適正経理発生を防止する責任があり，内部統制は首長が執行機関の各業務部門に対する監視監督を行うチェックのシステムであるといえる。首長自身が隅々までチェックすることはできないので，内部統制のシステムを構築し，善管注意義務を果たすことになる。具体的には，予算，物品の発注，納入・検収，支払などという一連の業務の流れの中での各段階での手続において，チェックと承認の内部統制が適切に整備・運用されることによって不適正経理の発生を大幅に防ぐことが期待できる。

　2009 年 3 月に公表された総務省の「地方公共団体における内部統制のあり方に関する研究会」の最終報告書では，地方公共団体がその規模・特性などの実態を踏まえ，自らを取り巻くリスクを洗い出し，実行可能な内部統制の仕組みをとることを示唆している[4]。また，同報告書では，こうした地方公共団体が内部統制の整備・運用を行うことにより，①不適正な事務処理の改善，法令等

の遵守の徹底の実現，②業務の有効性及び効率性の実現，③行政組織に関わる者の意識改革，④財務書類4表の一層の信頼性確保，⑤首長の戦略的業務への専念といった効果が期待できる，としている。

特に，内部統制と業績管理統制制度が整備されると，現状の業務分掌や業務プロセスの見直しが行われ，業務の不正や効率性をチェックする機能が日常業務の中に織り込まれることとなり，不正や誤謬の防止，法令遵守だけではなく，効率的な業務運営の改善に結びつく，すなわち，内部統制を業績管理統制へ拡張することによって地方自治運営の基本原則の一つである「最少の経費で最大の効果を挙げる（地方自治法2条14項）」ことに資するものと考えられる。[5]

いうまでもなく地方自治法にも，2条14項で「地方公共団体は，その事務を処理するに当つては，住民の福祉の増進に努めるとともに，最少の経費で最大の効果を挙げるようにしなければならない。」旨規定され，15項においても「地方公共団体は，常にその組織及び運営の合理化に努めるとともに，他の地方公共団体に協力を求めてその規模の適正化を図らなければならない。」等々の規定があることから，現行法令の枠内であっても内部統制構築の必要性をうたっているといえる表現がある。同研究会報告書をベースに各団体の中で議論開始の動機づけにすることは十分可能である。その際，会計検査院の平成20年度決算検査報告のうち，「都道府県等における国庫補助事業に係る事務費等の経理の状況について」に記載されている事例，特に秋田県及び千葉県の内部統制の比較事例は参考になるのではないかと思われる。

(3) 業績（行政成果）公監査の実施等に関する認識（図表9-3）

Q3. 地域主権により交付金など自由な資金の割合が増えることから財務報告等により使途を明らかにする必要性と併せ，監査の重要性が増すと思いますか。

Q14. 経済性・効率性・有効性などの3Eに関する監査は，内部統制を構築することで，監査ではなくても行政・執行自身において対応ができると思いますか。

第9章　地方公共団体の公監査制度改革に関する意識調査と今後の展開方向

【図表9-3】

選　択　項　目	Q3	Q14	Q15	Q16	Q36
大変思う・思う	102	31	26	73	109
どちらともいえない	23	55	48	31	23
思わない・全く思わない	13	53	65	35	6
その他	1	0	0	0	1
合　　計	139	139	139	139	139

Q15. 経済性・効率性・有効性などの3Eに関する監査は，本来，議会が行うべきであると思いますか。

Q16. 経済性・効率性・有効性などの3Eに関する指標等の全国的な共通化や監査基準の設定は難しいと思いますか。

Q36. 行政活動とその背景が，数値や財務情報に反映されることなどの理由から，それらの財務情報に対する監査は重要であると思いますか。

　設問は，地方公共団体における公監査のうち，3Eに関する指標等の共通化や公監査基準の設定についての問題意識を明らかにしようとしたものである。

　ここで，特にQ16について人口区分別に分析をする。

> Q16. 経済性・効率性・有効性などの3Eに関する指標等の全国的な共通化や監査基準の設定は難しいと思いますか。

選 択 項 目	回答数 (割合)	人口区分別内訳（万人）				
		10未満	10～19	20～29	30～49	50以上
① 大変思う	6 4.3 %	1 1.2 %	3 9.1 %	0 0.0 %	1 11.1 %	1 20.0 %
② 思う	67 48.2 %	39 46.4 %	18 54.5 %	5 62.5 %	3 33.3 %	2 40.0 %
③ どちらともいえない	31 22.3 %	21 25.0 %	5 15.2 %	3 37.5 %	1 11.1 %	1 20.0 %
④ 思わない	35 25.2 %	23 27.4 %	7 21.2 %	0 0.0 %	4 44.4 %	1 20.0 %
⑤ 全く思わない	0 0.0 %	0 0.0 %	0 0.0 %	0 0.0 %	0 0.0 %	0 0.0 %
⑥ その他	0 0.0 %	0 0.0 %	0 0.0 %	0 0.0 %	0 0.0 %	0 0.0 %
合　　計	139 100.0 %	84 100.0 %	33 100.0 %	8 100.0 %	9 100.0 %	5 100.0 %

　回答は，指標等の全国的な共通化や監査基準の設定は，難しいと「大変思う (4.3 %)」，「思う (48.2 %)」と大変多かった。

　地方公共団体の経済性・効率性・有効性などの視点からの改善は，内部統制の整備・運用のみで行うのは不可能であり，業績（行政成果）公監査により対応すべきである。その際，これらの視点での「指標の共通化」及び「業績（行政成果）公監査基準設定」の困難性は認識されている。

　公監査は，財務報告監査・財務諸表監査，法規準拠性監査，業績（行政成果）監査・VFM (Value For Money) 監査や 3E 監査 (Economy 経済性, Efficiency 効率性, Effectiveness 有効性) 等に分類できる。ここで 3E の監査の観点は，経済性はコスト低減，効率性は投入資源からの最大のアウトプット，有効性は所期の目的を実現したかの観点で実施されることとなる。これは民間企業のように市場を通じた活動の結果が利益に集約されないため，こうした観点が求められるのである。

　公監査人が 3E に関する公監査を実施する上では，業績開示基準，測定指標

第 9 章　地方公共団体の公監査制度改革に関する意識調査と今後の展開方向

を設定することが必要となる（これによって，指標の準拠性を監査する本来の業績（行政成果）公監査が可能となる）ことを考慮して制度設計することが求められる。

　地方公共団体の市民，納税者に対するパブリックアカウンタビリティ・チェーンの最終が公監査である。現行の公監査制度の一つである，監査委員等が実施する上で共通する準拠基準は確立しておらず，判断基準，実施手続などを示す共通の尺度がない。そのため，公監査改革が行われたとしても，公監査基準が定められない状況では効果が少ないであろう。

　例えば，アメリカの州・地方政府においては，公監査基準である政府監査基準（Generally Accepted Government Auditing Standards：GAGAS）によって，財務報告監査，証明業務，業績監査基準が確立しており，イギリスの地方公共団体においては，監査実務規範（Code of Audit Practice）によって財務諸表監査，3Eの監査としてVFM監査基準が確立している。わが国においても国民，市民，納税者の立場を踏まえ，これら諸外国の公監査基準を念頭に置いた公監査基準の設定が喫緊の課題である。

　なお，指標数値の正確性担保は，業績（行政成果）公監査の一類型であり，指標の算定プロセスの検証なども実施するなど，公監査制度の発展が望まれる。

　また，Q15 の設問では，地方公共団体における公監査制度は，誰が担うべきかの問題意識を明らかにしようとしたものである。

> Q15. 経済性・効率性・有効性などの 3E に関する監査は，本来，議会が行うべきであると思いますか。

選択項目	回答数(割合)	人口区分別内訳（万人）				
		10 未満	10～19	20～29	30～49	50 以上
① 大変思う	2 1.4 %	1 1.2 %	0 0.0 %	1 12.5 %	0 0.0 %	0 0.0 %
② 思う	24 17.3 %	13 15.5 %	6 18.2 %	1 12.5 %	3 33.3 %	1 20.0 %
③ どちらともいえない	48 34.5 %	27 32.1 %	17 51.5 %	1 12.5 %	1 11.1 %	2 40.0 %
④ 思わない	61 43.9 %	40 47.6 %	9 27.3 %	5 62.5 %	5 55.6 %	2 40.0 %
⑤ 全く思わない	4 2.9 %	3 3.6 %	1 3.0 %	0 0.0 %	0 0.0 %	0 0.0 %
⑥ その他	0 0.0 %	0 0.0 %	0 0.0 %	0 0.0 %	0 0.0 %	0 0.0 %
合計	139 100.0 %	84 100.0 %	33 100.0 %	8 100.0 %	9 100.0 %	5 100.0 %

　公監査における 3E 監査（Economy 経済性，Efficiency 効率性，Effectiveness 有効性）等は上述したとおりであるが，回答では，3E に関する監査を議会が行うべきとは「思わない（43.9 %）」，「全く思わない（2.9 %）」という回答が多い。

　先述のとおり，諸外国では，「公監査人」を「legislative auditor」，つまり議会監査人として，議会の議員が直接公監査を実施せずとも，議会が専門家に委嘱し公監査を実施すべきであり，結果として最終責任は議員，議会が負わねばならない。住民代表である議会議員の責任は大きいと考える。

　また，Q36 について人口区分別に分析をする。

> Q36. 行政活動とその背景が，数値や財務情報に反映されることなどの理由から，それらの財務情報に対する監査は重要であると思いますか。

第9章　地方公共団体の公監査制度改革に関する意識調査と今後の展開方向

Q36 の設問では，地方公共団体の財務情報の監査についての問題意識を明らかにしようとしたものである。

選択項目	回答数（割合）	人口区分別内訳（万人）				
		10 未満	10〜19	20〜29	30〜49	50 以上
① 大変思う	6 4.3 %	3 3.6 %	0 0.0 %	0 0.0 %	2 22.2 %	1 20.0 %
② 思う	103 74.1 %	66 78.6 %	27 81.8 %	5 62.5 %	3 33.3 %	2 40.0 %
③ どちらともいえない	23 16.5 %	11 13.1 %	4 12.1 %	3 37.5 %	3 33.3 %	2 40.0 %
④ 思わない	6 4.3 %	4 4.8 %	2 6.1 %	0 0.0 %	0 0.0 %	0 0.0 %
⑤ 全く思わない	0 0.0 %	0 0.0 %	0 0.0 %	0 0.0 %	0 0.0 %	0 0.0 %
⑥ その他	1 0.7 %	0 0.0 %	0 0.0 %	0 0.0 %	1 11.1 %	0 0.0 %
合計	139 100.0 %	84 100.0 %	33 100.0 %	8 100.0 %	9 100.0 %	5 100.0 %

回答は，重要であると「思う（74.1 %）」が多数を占めた。

地域主権改革の進展のスピードは決して早くない。しかし早晩，地方公共団体に権限と財源が移譲され，結果，より一層住民が責任を負うことになる。その前提としては，住民や代表者で構成される議会に対してアカウンタビリティを果たすために，そして住民と議会による意思決定が可能となるような信頼性のある情報が提供されなければならない。そこで，地方公共団体が行う情報提供のうち，アカウンタビリティを果たす上での基礎が財務報告書である。地方公共団体は，効率的で透明性の高い行財政運営が必須である。政府から資産債務改革が求められたこと，さらには地方公共団体の財政の健全化に関する法律（以下「財政健全化法」という。）などを受け，公会計改革がさらに加速されつつあると理解される。特に，近年では，道路や橋などの公有財産の老朽化と修繕・更新の問題，いわゆるアセットマネッジメントの観点からも資産状況の的

確な把握が求められている。

　住民と議会に対してアカウンタビリティを果たし，住民と議会が意思決定を行うために必要な情報を提供し，地方公共団体のガバナンスを有効に機能させるために内部統制や財務報告制度の改革を行い，財務情報の信頼性を担保する仕組みが必要になる。公監査は，パブリック・アカウンタビリティを履行するために実施するのである。公監査を有効に機能させ得る方法で実施することで，地方公共団体の業務改革にも資することとなる。

　また，財務報告は，利用者あっての財務報告であり，利用者に対する包括的かつ全体的な保証としての公監査が必要である。地方公共団体自体は，破綻・倒産がないといえるものの，将来持続可能な住民サービスがいずれの日にか実施できなくなる可能性もある。財務報告の信頼性を担保するための公監査に対して，財務諸表の利用，評価，関心が，住民だけではなく首長においても低いのは問題である。潜在的意思決定者である住民に対する説明・評価の機能の強化も並行的に行われなければならない。つまり，読者の代わりに説明してくれるような企業でいうアナリストの存在が必要であり，分析，評価，解説制度があることで財務報告の意味付けが厳格になり，より一層，財務報告に対する公監査や保証の命題がでる。不適切経理，特に横領のような不正や違法行為等を発見することは困難であるため，悉皆的にサンプリングを広げれば牽制的な観点からは効果が上がろう。しかし，財務報告の利用者に対して，説明責任を果たすために，定性的な財政状態の分析，解説書を議会に報告し住民に説明することで，外的にも評価可能となる。現状のように，決算数字は首長，解説が監査委員となっていることは，パブリックアカウンタビリティとしては問題があると思われる。地方公共団体の一層の自律的な運営とガバナンス・モニタリング体制の構築のためには，地方公共団体の各機関による統制と監視だけではなく，財務情報の公開と住民による監視を強力に進めていく必要があり，公監査は重要な役割を担っているのである。

第9章 地方公共団体の公監査制度改革に関する意識調査と今後の展開方向

(4) 外部公監査に対する役割期待に関する認識 (図表9-4)

Q17. 外部監査に期待される役割は、「預け」などの不適正経理等に対応する監査であると思いますか。

Q18. 外部監査に期待される役割は、出納整理と短期貸付の組み合わせなどによる不適切な会計処理に対応する監査であると思いますか。

Q19. 外部監査に期待される役割は、経済性・効率性・有効性などの3Eに関する監査であると思いますか。

Q33. 包括外部監査・個別外部監査は、監査実施上、参考又は有効であると思いますか。参考又は有効と思う事例（他の地方公共団体を含む）をご教示ください。

Q34. 地方自治法が改正されて包括外部監査が廃止された場合でも、外部専門家による個別外部監査の機能は必要であると思いますか。

Q35. 決算審査は会計専門家が実施し、住民・議会に提出することがよいと思いますか。

　公認会計士等専門家による外部公監査に対する評価に関する質問であるが、調査対象が「市」であったことから、同監査がほとんど実施されていない現状の中で「どちらともいえない」とする意見が多く寄せられた。なお、回答の中では外部公監査に対して、不適正経理よりも3Eへの対応を求めている意見が若干多かった。

　ここで、特にQ33は、地方公共団体の包括外部監査・個別外部監査につい

【図表9-4】

選 択 項 目	Q17	Q18	Q19	Q33	Q34	Q35
大変思う・思う	39	47	64	56	62	39
どちらともいえない	46	63	48	71	63	63
思わない・全く思わない	53	28	26	8	14	35
その他	1	1	1	4	0	2
合　　計	139	139	139	139	139	139

ての問題意識を明らかにしようとしたものであり，人口区分別に分析をする。

> Q33. 包括外部監査・個別外部監査は，監査実施上，参考又は有効であると思いますか。参考又は有効と思う事例（他の地方公共団体を含む）をご教示ください。

選択項目	回答数（割合）	人口区分別内訳（万人）				
		10未満	10～19	20～29	30～49	50以上
① 大変思う	2 1.4 %	0 0.0 %	1 3.0 %	1 12.5 %	0 0.0 %	0 0.0 %
② 思う	54 38.8 %	32 38.1 %	11 33.3 %	3 37.5 %	5 55.6 %	3 60.0 %
③ どちらともいえない	71 51.1 %	46 54.8 %	17 51.5 %	3 37.5 %	3 33.3 %	2 40.0 %
④ 思わない	5 3.6 %	3 3.6 %	1 3.0 %	0 0.0 %	1 11.1 %	0 0.0 %
⑤ 全く思わない	3 2.2 %	2 2.4 %	0 0.0 %	1 12.5 %	0 0.0 %	0 0.0 %
⑥ その他	4 2.9 %	1 1.2 %	3 9.1 %	0 0.0 %	0 0.0 %	0 0.0 %
合計	139 100.0 %	84 100.0 %	33 100.0 %	8 100.0 %	9 100.0 %	5 100.0 %

　回答は，参考又は有効であると「思う (38.8 %)」である。ただし，中小規模の地方公共団体では導入していないこともあり，「どちらともいえない (51.1 %)」が多い結果となっている。

　また，回答があった中での結果としては，「参考又は有効であると思う。」との結果を得たが，包括外部監査・個別外部監査について賛否両論の意見がしばしば聞かれるところである。一方で，包括外部監査人・個別外部監査人からは，報告書の結果や意見に対して措置されないとの意見もある。

　地方公共団体の執行機関も議会も，相応のコストを投じた公監査結果報告に対応しない，有効活用しないことは残念なことである。本制度が継続する際に

も公監査人の結果や意見に対して，地方公共団体は放置せず，措置しなければならない方策，公監査人も有効かつ適切な報告書を出す責任を持たせる方策を改めて検討する必要があろう。

包括外部監査や個別外部監査は，財務事務の執行状況というプロセスについても監査を実施するのであるから，包括外部監査・個別外部監査においても地方公共団体における内部統制の構築，運用も重要であることを認識し実施していくことが望まれる。

なお，地方行財政検討会議の中で示されている「予算の執行や決算等について監査実施後に不適正な予算執行や決算処理等が発見された場合は監査人が責任を負う」というためには，適切な公会計基準，公監査基準及び公監査制度の確立が不可欠であると考えるところである。[6]

(5) 「監査制度の見直しの方向性（たたき台）」で示された地方監査共同組織に対する役割期待に関する認識（図表9-5，6）

Q20. 地方行財政検討会議検討資料「監査制度の見直しの方向性（たたき台）」で示された「3つの案」のうち，第3案で示された「地方監査共同組織」の設置により，中小規模の地方公共団体の監査機能の強化につながると思いますか。

Q21. 監査共同組織設置により，職員の出身自治体の監査は実施しないということは，監査の独立性を高めることになると思いますか。

Q22. 監査共同組織設置により，事務局の共同化が図られ，現在の監査委員事務局の機能強化につながると思いますか。

Q23. 監査共同組織が，監査基準を設定することは監査の機能強化につながると思いますか。

Q24. 監査共同組織による資格能力制度創設は，現在の監査委員事務局の機能強化につながると思いますか。

Q25. 監査共同組織による資格能力制度は，監査業務を行う上での必要要件とすべきと思いますか。

【図表9-5】

選択項目	Q20	Q21	Q22	Q23	Q24
大変思う・思う	39	47	64	56	62
どちらともいえない	46	63	48	71	63
思わない・全く思わない	53	28	26	8	14
その他	1	1	1	4	0
合計	139	139	139	139	139
選択項目	Q25	Q26	Q27	Q28	Q29
大変思う・思う	39	68	11	50	7
どちらともいえない	63	43	50	70	60
思わない・全く思わない	35	28	77	19	72
その他	2	0	1	0	0
合計	139	139	139	139	139

【図表9-6】

選択項目	回答数（割合）	人口区分別内訳（万人）				
		10未満	10〜19	20〜29	30〜49	50以上
① 大変思う	6 4.3 %	4 4.8 %	0 0.0 %	2 25.0 %	0 0.0 %	0 0.0 %
② 思う	56 40.3 %	38 45.2 %	13 39.4 %	1 12.5 %	4 44.4 %	0 0.0 %
③ どちらともいえない	54 38.8 %	30 35.7 %	15 45.5 %	5 62.5 %	1 11.1 %	3 60.0 %
④ 思わない	19 13.7 %	10 11.9 %	5 15.2 %	0 0.0 %	3 33.3 %	1 20.0 %
⑤ 全く思わない	3 2.2 %	1 1.2 %	0 0.0 %	0 0.0 %	1 11.1 %	1 20.0 %
⑥ その他	1 0.7 %	1 1.2 %	0 0.0 %	0 0.0 %	0 0.0 %	0 0.0 %
合計	139 100.0 %	84 100.0 %	33 100.0 %	8 100.0 %	9 100.0 %	5 100.0 %

（注）：各市の人口区分は平成22年国勢調査時の数値による。また，一部事務組合等は，人口区分「10（万人）未満」に含んで表示している。

Q26. 監査共同組織による監査は，多大なコストをかけることになると思いますか。

Q27. 監査共同組織の設置は，行政改革や地域主権・地方分権に反すると思いますか。

Q28. 監査共同組織を住民にとって望ましい組織として設置する必要があると思いますか。その理由をご教示ください。

Q29. 監査共同組織は，外部監査を実施している民間の共同化や機能強化でよいと思いますか。

設問では，地方行財政検討会議が示した3案のうち，地方監査共同組織についての問題意識を明らかにしようとしたものである。

地方監査共同組織については，地方行財政検討会議において具体的な構造，機能，コスト等が明らかとなっていなかったため，賛否あるいは不明など意見が大きく分かれる結果となった。

なお，Q22の回答を地方公共団体の規模別に見ると，（図表9-6）のとおり中小規模以下の地方公共団体では機能強化につながると「思う」との意見が多く，大規模な地方公共団体では「思わない」との意見が多いというように，人材や財源の観点から意識の差が表れていることが示された。

制度導入に当たっては地方監査共同組織を設置する趣旨，長短，コスト等についての一層の検討が必要であり，大規模，中小規模の各地方公共団体，関係各界の理解が必要と思われる。

(6) 地方公共団体公監査の品質管理に関する認識 (図表9-7)

Q30. 地方公共団体のガバナンス向上と高度な品質と責任ある監査には相応のコストがかかると思いますか。

Q31. 深度ある監査が要請されたとしても，財政が厳しいことから監査コストを安くすることで，よい結果を生むと思いますか。

Q32. 地方公共団体の監査に関する品質管理はどのように行うべきと思いますか。（自由記入）

【図表9-7】

選択項目	Q30	Q31
大変思う・思う	106	2
どちらともいえない	20	50
思わない・全く思わない	13	84
その他	0	3
合計	139	139

　監査実施上の品質管理とコストの関連についての設問であるが，深度ある監査には相応のコストを要するが，コスト削減が良い結果を生むとはいえないとの認識は有している。

> Q32．地方公共団体の監査に関する品質管理はどのように行うべきと思いますか。

　Q32の設問では，地方公共団体の監査の品質管理を自由記述欄で問い，その問題意識を明らかにしようとしたものである。
　なお，Q32の主な自由意見において，監査の品質管理（確保）のために以下の事項などが必要なこととして挙げられていた。
・共通の監査基準設定
・監査委員の独立性と専門性強化（第三者性の確保：事務局も）
・（監査委員事務局）適正な人員配置
・（監査委員事務局）専門的知識の習得（専門職の配置・異動サイクルの延伸）
・研修や情報共有
・内部統制の充実
・監査手続書の作成
・監査活動・結果に対する評価制度の導入
・監査報告の市民公表充実

第9章　地方公共団体の公監査制度改革に関する意識調査と今後の展開方向

・監査委員の責任明確化
・部分的な外部監査活用
・議会との連携
・共同組織の推進
・監査結果を受けた執行機関での適切な履行・改善

　また，少数意見ではあるが，「平成17年10月に企業会計審議会から公表された「監査に関する品質管理基準の設定に係る意見書」が参考になる」との意見もあった。例えば，包括外部監査でも「包括外部監査と財務諸表監査」との関係を問いただす監査委員の報告が公表された事例，さらには「包括外部監査内容がずさん」として包括外部監査の報酬の返還を求める住民監査請求がなされる事例など，オンブズマンの評価対象以外でも住民監査請求等が起こり得る状況であり，このことは公監査の品質が問われていることの表れである。

　諸外国の公監査基準においては，品質管理の基準が明確に定められるとともに，諸外国の地方公共団体の公監査人が相互にチェックするピア・レビュー (peer review) 等が行われ，品質を担保する制度が確立している。また，わが国の民間企業における財務諸表監査の品質管理としては，日本公認会計士協会が各種品質管理基準や倫理基準を設定するとともに，自主規制団体として品質管理レビュー制度や上場会社登録制度などを実施しており，その状況を当局がモニタリングするという手法を採用している。

　さらに，監査にかけるコストを減額して公監査を実施すると，補助者人数や監査実施日数の削減につながり，本来実施すべき監査の水準が行われない可能性もある。公監査の有効性が損なわれるという悪循環に陥る可能性は否定できない。公監査はパブリックアカウンタビリティを果たすために実施するのであり，現行よりも深度ある公監査が求められているにもかかわらず低いコストで実施することは困難であり，深度に見合った相応のコストが必要になることは言うまでもない。

　わが国の地方公共団体の公監査の趣旨及び目的を勘案した，品質管理のあり方の議論も，今後必要であろうと思われる。

＊小　　　括――業績(行政成果)公監査の諸外国の展開＊

　アンケート結果の分析[7]からも明らかなように，地方公共団体等の公的機関の行政活動に対して，独立性の高い外部公監査要求が強いことがうかがえる。特に，税金・公金の使途に対する効率性・有効性に関する公監査，すなわち，業績（行政成果）公監査に対する市民・納税者の期待が大きいのである。

【図表9-8】各国の公監査展開の現状（10段階）

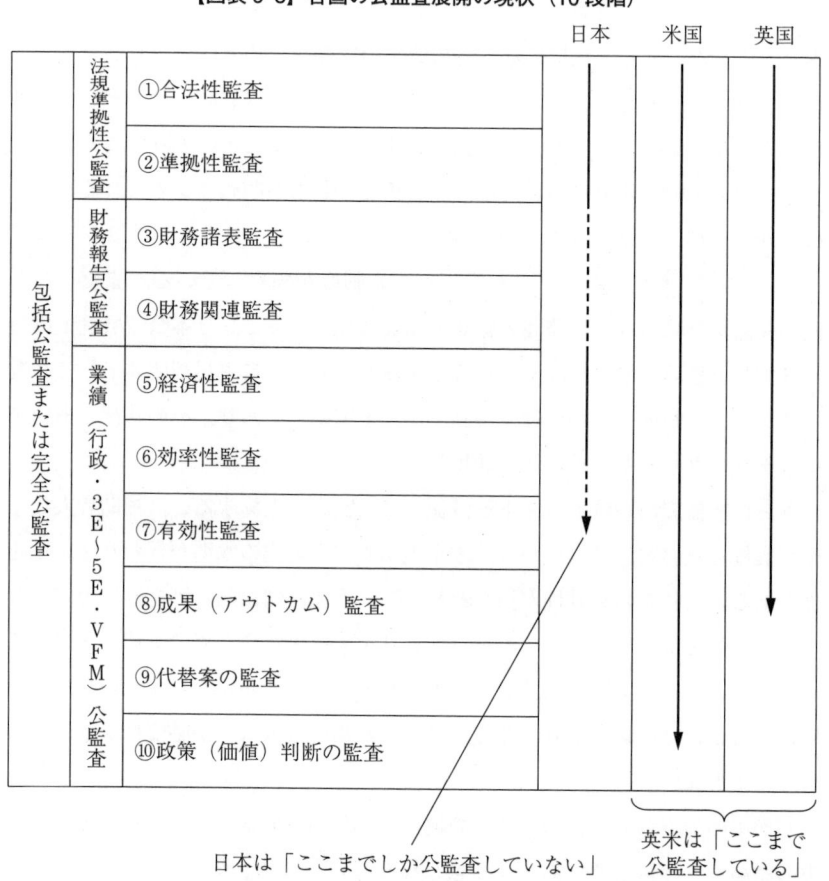

包括公監査または完全公監査	法規準拠性公監査	①合法性監査	日本	米国	英国
		②準拠性監査			
	財務報告公監査	③財務諸表監査			
		④財務関連監査			
	業績（行政・3E～5E・VFM）公監査	⑤経済性監査			
		⑥効率性監査			
		⑦有効性監査			
		⑧成果（アウトカム）監査			
		⑨代替案の監査			
		⑩政策（価値）判断の監査			

日本は「ここまでしか公監査していない」　　英米は「ここまで公監査している」

第9章　地方公共団体の公監査制度改革に関する意識調査と今後の展開方向

　諸外国における公監査制度の展開の現状は（**図表9-8**）のとおりであり，わが国の進展は非常に遅れている。
　このような公監査制度の確立の前提として，公監査基準の設定が不可欠であり，三つの公監査目的である法規準拠性・財務・業績（行政成果）公監査（政府監査）基準は，諸外国及び国際的には前述の体系の類型で構築されている。

【注】
1) 「地方行財政検討会議」は総務大臣を座長として，地域主権の確立を目指した地方自治法の抜本的な見直しの案を取りまとめることを目的として設置された。これまでの経過は，総務省ホームページ『地方行財政検討会議』（http://www.soumu.go.jp/main_sosiki/kenkyu/chihou_zaisei/index.html）を参照されたい。
2) 詳細は総務省ホームページ「地方自治法の抜本見直しに向けた取組状況」『地方自治法抜本改正についての考え方(平成22年)』(平成23年1月26日, http://www.soumu.go.jp/main_content/000098612.pdf) などを参照されたい。
3) 第30次地方制度調査会は，2011年8月，当時の菅　直人総理大臣から「住民の意向をより一層地方公共団体の運営に反映できるようにする見地からの議会のあり方をはじめとする住民自治のあり方，我が国の社会経済，地域社会などの変容に対応した大都市制度のあり方及び東日本大震災を踏まえた基礎自治体の担うべき役割や行政体制のあり方などについて，地方自治の一層の推進を図る観点から，調査審議を求める。」として諮問されたものである。
4) 総務省・地方公共団体における内部統制のあり方に関する研究会報告書「内部統制による地方公共団体の組織マネジメント改革～信頼される地方公共団体を目指して～」(2009年3月, http://www.soumu.go.jp/main_sosiki/kenkyu/internal_control/index.html)
5) 会計検査院「平成20年度決算検査報告」(2009年11月)『都道府県等における国庫補助事業に係る事務費等の経理の状況について』に掲載された，秋田県及び千葉県の内部統制の比較事例は参考となる。
6) 公会計基準の基礎的検討については，総務省「今後の新地方公会計の推進に関する研究会」の検討状況（http://www.soumu.go.jp/main_sosiki/kenkyu/chikousuiken/index.html）を参照のこと。
7) 本アンケートについては，『月刊　地方財務』(2012年2月号) も参照されたい。

【参考文献】
（1）　IFAC, *Reporting Service Performance Information, IPSAS Consultation Paper,*

167

October 2011.
（2） 鈴木　豊「公監査，新潮流の識別」『企業会計』2010 年 12 月号。
（3） 鈴木　豊「地方公共団体の公会計・公監査改革の論点」『地方財務』2011 年 5 月号。
（4） 鈴木　豊「業績（行政成果）公監査の展開」『税経通信』2011 年 10 月号。

　　　　　　　　　　（第 9 章担当　鈴木　豊，林　賢是，石井　和敏）

第10章

業績（行政成果）公監査の実践ケーススタディ

＊プロローグ＊
（ケース1）＜テーマ＞公立病院の管理・運営
（ケース2）＜テーマ＞中心市街地商業活性化推進事業
（ケース3）＜テーマ＞外郭団体・第三セクターの再生
　　　　　　　　　可能性の業績（行政成果）公監査
（ケース4）＜テーマ＞公共調達に対する監査手続

＊プロローグ＊

前章までに業績（行政成果）公監査の理論と実践の基礎を説明してきた。しかし，実際にこれを行うためには，組織的，品質的に維持しながら実施しなければならない。3つのケースで監査過程とこれに関わる公監査手続，技術，証拠，データ等を「業績（行政成果）公監査実施プロセス」という形式で示すこととする。

業績（行政成果）公監査実施プロセス

（ケース1）
＜テーマ＞公立病院の管理・運営

	主な監査過程		業績監査上の手続・技術，証拠資料，根拠データ等
1	首長マニュフェストの有無		マニュフェストで「経営健全化のための取組，良質な医療の提供のための取組」を公約
2	立法府・政策決定方針		地域保健医療計画，中期計画，予算関連資料の明示
3	根拠条文		病院事業の設置等に関する条例ほか
4	目標管理のシステム		中期経営プラン，部門別，診療科別目標設定，経営改善行動計画，民間医療機関との機能分担等を明示
5	目標業績指標	(1) 経済性	平均当たり診療コスト指標，ABC計算，物品購入，業務委託の入札価格抑制（価格交渉）の指標
		(2) 効率性	効率的使用コスト指標，期限切れ薬品・診療材料の指標
		(3) 有効性（結果＝output・必要性）	医療安全性指標，医療メディエーター利用の指標
		(4) 有効性（成果＝outcome）	クリティカルインディケーター比較指標，患者満足度指標，機能・拠点病院による指標の向上
		(5) 有効性（代替案）	地方独立行政法人化，指定管理者方式の比較指標
6	ベンチマーク・標準指標		類似病院との比較，病院事業の独立採算指標（注1）
7	コスト指標		医業費用（給与費，材料費，経費，減価償却費その他費用），直接費・間接費配賦計算手続（注2）
8	業績成果計画書		目標値，マネジメント・クリティカルインディケーターなど業績目標達成のための個々具体の事業の予算書・関連書類への明示

第 10 章　業績（行政成果）公監査の実践ケーススタディ

9	目標実施プロセス		予算要求（積算）書類上の目標達成のスケジュール（例：薬品診療材料の管理体制，部門別進捗状況管理手法の実施プロセス）
10	業績成果測定プロセス		病院別会計資料，部門別診療科別損益計算，疾患別損益計算手続などの成果集計システム（ルール化・マニュアル化），成果統括部署のチェックの仕組
11	業績成果評価プロセス		10 の成果を測定した結果と，（事前設定した）目標との対比，分析・評価を行うシステム（一般会計費用負担金指標，インディケーター比較分析）
12	業績成果報告書		経営改善行動計画，年次（業務）報告書の作成と公表，業績成果の決算関連書類への的確な明示・公表
13	マネジメントリスクの認識		診療ミス，再手術のリスクの識別
14	リスク低減対応		収益確保の方策，経営効率化の方策，インセンティブ方式の導入，診療ミスリスク対応
15	業績成果報告書の公監査		業務実績の報告・意見聴取，行政評価（事務事業評価）としての自己評価・第三者評価，監査（現地視察，質問，閲覧，吟味，分析手続）
16	業績（行政成果）公監査手続	効率性（経済性）	薬品・診療材料の効率的使用の監査，施設管理保守契約の随意契約の妥当性の監査，保守管理の発注方法（例：分割・一括発注など）の監査
		有効性	マネジメント・クリティカルインディケーター指標の確認
		コスト	部門別・診療課別・疾患別コスト計算の監査
17	業績（行政成果）公監査報告書		監査委員による業績監査（行政監査，財務監査の 3E 監査）と包括・個別外部監査 【業績監査手続上の留意点】保有資産の定期的現物検査（記帳・転記漏れ），高額医療機器の利用状況，遊休資産，未収金，不納欠損等，貸倒引当金，退職給付引当金，病院間調整勘定，内部留保資金残高，預り金，薬品診療材料のコストと管理体制（紛失ロス管理含む），高額診療材料の消耗品管理，負担金操作，カットオフの調整，個人情報確保（顧客），苦情報告書
18	措置状況		経営改善委員会の開催，監査結果（17）を受けて執行機関が改善・見直しを図るシステムの定着，結果のフォローアップする仕組の存在
19	結果公表		決算書（事業報告），中期計画の達成状況，行政評価の結果報告書等の作成・公表
20	品質管理		業績成果（15），業績（行政成果）公監査（17）のレビュー
21	公監査人	独立性	当該自治体と利害関係のないこと，外部監査人
		適格性	公認会計士等の専門家，医療の専門能力を有する者

22	立法府の審議	当該監査報告・成果報告が議会での次年度予算審議に活用
23	財務管理システム	資金運用・調達（短期・長期借入）
24	評価・格付	業績成果報告書・監査報告書評価指標
25	インセンティブ・責任	経済性・効率性に欠ける事務事業執行は，次年度予算削減又は補助金削減（返還），有効性に欠ける人員配置

（注1）：経営管理指標・医療の質指標
　　　・100床当たり医師数・看護師数・薬剤師数・検査技師数・職員数
　　　・一日平均患者数
　　　・一日当たりの平均入院患者数
　　　・医師一人当たり外来患者数・入院患者数
　　　・初診予約率
　　　・クリニカルパス適応率
　　　・病床利用率
　　　・疾病別手術件数
　　　・院外処方箋発行率
　　　・薬品管理状況
　　　・救急患者入院率
　　　・救急患者新患数
　　　・手術室稼動分析
　　　・検査結果の平均報告時間
　　　・術後死亡率
　　　・再入院率
　　　・救急患者取扱状況
　　　・入院期間別患者数
　　　・入院患者平均年齢
　　　・入院外来比率
　　　・死亡原因別死亡者数
　　　・在宅人工呼吸療法実績
　　　・救急車搬送患者数
　　　・24時間以内の再手術率
　　　・紹介率
　　　・予防医療指標
　　　・医系機器稼動評価
（注2）：コスト・収益性・収支指標
　　　・経常収支比率
　　　・医業収支比率
　　　・総収支比率
　　　・人件費対医業収益比率
　　　・材料費対医業収益比率
　　　・総資本回転率
　　　・流動資産回転率
　　　・固定資産回転率
　　　・減価償却率

第10章　業績（行政成果）公監査の実践ケーススタディ

- ・固定比率
- ・流動比率
- ・当座比率
- ・利子負担比率
- ・医業利益率
- ・材料費率
- ・医薬品比率
- ・委託費比率
- ・経費比率
- ・常勤医師人件費率
- ・非常勤医師人件費率
- ・職員一人当たり人件費
- ・（借入金）償還期間
- ・1床当たり固定資産額
- ・原価計算（部門別・診療科別・患者別・疾患別・DPC別・医師別）
- ・診療行為別収益
- ・診療行為件数分析
- ・DPC分析
- ・患者一人当たり入院収益
- ・外来患者1人一日当たり外来収益
- ・診療行為別収益
- ・クリニカルパス別原価計算
- ・MDC別原価計算
- ・診療行為別ABC分析
- ・医師1人一日当たり医業収益
- ・保険診療分収益
- ・他会計繰入金対医業収益

(ケース2)

＜テーマ＞中心市街地商業活性化推進事業

	主な監査過程	業績監査上の手続・技術，証拠資料，根拠データ等
1	首長マニュフェストの有無	中心市街地の活性化
2	立法府・政策決定方針	（財）産業振興財団の設立，産学官の連携促進
3	根拠条文	中心市街地の活性化に関する法律など
4	目標管理のシステム	助成金交付手続，コンセンサス形成の計画目標
5	目標業績指標	(1) 経済性	市街地活性化事業の単位当たりコスト指標
		(2) 効率性	活性化事業の地域的コスト，（店舗）適正配置コストの指標
		(3) 有効性（結果＝output・必要性）	通行量増加，空き店舗の活用量の指標

173

		(4) 有効性（成果＝outcome）	商業機能の強化指標，商工会議所のやる気の指標，企画力の指標
		(5) 有効性(代替案)	必要な業種・業態の適正配置の代替指標
6	ベンチマーク・標準指標		上記(3)～(5)の類似地域との比較
7	コスト指標		運営コスト，インフラコストの指標
8	業績成果計画書		市街地活性化事業の目標指標の計画書＝目標達成に向けた個々具体の事業予算書・関連書類への明示
9	目標実施プロセス		予算要求（積算）書類上の目標達成の実施スケジュール（例：継続性，事業の業績がみえるような実施プロセスの指標明示）
10	業績成果測定プロセス		成果集計システム（ルール化・マニュアル化），成果統括部署のチェックの仕組み
11	業績成果評価プロセス		10の成果を測定した結果と，（事前設定した）目標との対比，分析・評価を行うシステム
12	業績成果報告書		業績に関する月次，年次（業務）報告書の作成と公表，業績成果の決算関連書類への的確な明示・公表
13	マネジメントリスクの認識		事業の地域的・業種的実施リスクの識別
14	リスク低減対応		地域的，業種的，量的，様々な質的リスク対応
15	業績成果報告書の公監査		関連事業者との会合での業務実績の報告・意見聴取，行政評価（事務事業評価）としての自己評価・第三者評価，監査
16	業績成果公監査手続（行政成果）	効率性（経済性）	活性化事業のコスト及び効率性指標の安定性・適正性検証
		有効性	活性化事業の業績指標の安定性・適正性検証
		コスト	活性化事業のフルコスト算定基準の妥当性，土地収用・取得コストの妥当性，開発・運用コストの妥当性
17	業績（行政成果）公監査報告書		市街地活性化欠陥，商圏生成欠陥，周辺地域との競合化監査委員による業績監査（行政監査，財務監査の3E監査）と包括・個別外部監査
18	措置状況		監査結果(17)を受けて執行機関が改善・見直しを図るシステムの定着，結果のフォローアップする仕組の存在
19	結果公表		主要な施策の成果報告書，中期計画の達成状況，行政評価の結果報告書等の作成・公表
20	品質管理		業績成果(15)，業績監査(17)のレビュー
21	公監査人	独立性	当該自治体と利害関係のないこと，外部監査人
		専門性	公認会計士等の専門家，都市計画・産業活性化の専門能力を有する者

第10章 業績（行政成果）公監査の実践ケーススタディ

22	立法府の審議	成果報告・業績（行政成果）公監査報告の予算・決算議会審議での活用
23	財務管理システム	当該機関のファイナンスシステム
24	評価・格付	業績成果報告により評価
25	インセンティブ・責任	効率的執行を行わないことによる補助金返還の責任

（ケース3）

＜テーマ＞外郭団体・第三セクターの再生可能性の業績（行政成果）公監査

	主な監査過程		業績（行政成果）公監査実施上の手続・技術，証拠資料，根拠データ etc
1	首長，マニュフェストの有無		マニュフェスト等で外郭団体の改革・運営方針を公約
2	立法府・政策決定方針		第三セクターの経営改革・改善の実施
3	根拠条文		各外郭団体設置の規程等の根拠条文
4	目標管理のシステム		経営健全化改革委員会の運営
5	目標業績指標	(1) 経済性	再生コストの経済性指標
		(2) 効率性	再生プランの実施の効率性指標
	Ⓐ経営状況指標	(3) 有効性（結果，必要性）	第三セクターの必要性指標
	Ⓑ財務・財政状況指標	(4) 有効性（成果）	第三セクターの公益性と事業採算性の指標
	Ⓒ外部環境指標	(5) 有効性（代替案）	Ⓔ施策への活用・廃止・縮小・民営化・自立化・統合方式の指標
6	ベンチマーク・標準指標		他市・他三セクの比較指標
7	コスト指標		事業コスト縮減，自主財源，組織・人員体制のコスト指標，コスト意識指標
8	業績成果計画書		業績成果達成の改革プラン
9	目標実施プロセス		改革目標の期限の工程表
10	業績成果測定プロセス		目標業績指標の迅速性・正確性手続
11	業績成果評価システム		目標業績の分析評価手続
12	業績成果報告書		（事業再生スキーム）
13	マネジメントリスクの認識		Ⓓ (1) 財政健全化リスク (2) 損失補償債務等評価リスク
14	リスク低減対応		Ⓓ (1) 財政健全化リスク低減策 (2) 損失補償債務等の評価リスク低減策
15	業績成果報告書の公監査		

16	業績（行政成果）公監査手続	効率性	効率性指標の検証
		有効性	有効性指標の検証
		コスト	コスト集計・配賦計算の検証
17	業績（行政成果）公監査報告書		必要性・業績・コストの改革のスピード感不足
18	措置状況		適切なガバナンス・外部専門家の評価
19	結果公表		事業内容，財務内容，市補助金，市OB・派遣職員，役員報酬，職員給与等
20	品質管理		
21	公監査人	独立性	
		適格性	
22	立法府の審議		
23	財務管理システム		市補助金・委託金・出資金・株式売却・自主財源の管理システム
24	評価・格付		
25	インセンティブ・責任		

(別表) Ⓐ　経営状況指標

- 当該自治体との取引開始理由
- 三セクとの沿革と歴史（経営窮境への対応状況）
- 役員と従業員の状況（自治体関係者との内訳）
- ビジネスモデルの概要と経緯
- 当該自治体との取引内容と経緯
- 外部関係者／共同経営者との関係
- 指定管理業務との関係
- 窮境要因の分析（緊急性の程度）
- 経営上のリスク要因
- 経営不振の要因と支援計画の状況（再生型と再建／清算型法的手続等）
- 再生計画書の状況
- 財務リストラの経緯と状況
- 再生スキーム類型案（タイムスケジュールとタイムリミット）
- ガバナンス機能の状況
- 三セク経営検討委員会の活動状況
- 公表保有地の縮減
- 保有地の管理委託業務縮減

第10章　業績（行政成果）公監査の実践ケーススタディ

- ・臨時職員の増員
- ・長期計画の策定
- ・経営戦略会議の設置
- ・営業記録の活用
- ・利用者アンケートの実施
- ・経営改善計画の策定
- ・利用者満足度調査

Ⓑ　財務・財政指標

- ・会計方針
- ・純資産金額の算定及び調整必要項目
- ・時価評価額（不動産の鑑定評価）
- ・債権の回収可能性と資産性能力
- ・固定資産の減損状況
- ・オンバランス／オフバランス項目
- ・引当金の負債性
- ・買掛債務の網羅性
- ・未払金と未払費用の網羅性
- ・賞与引当金及び退職給付引当金の十分性
- ・リース債務の計上
- ・債務返済計画
- ・財産の権利関係（自治体本体との関係も）
- ・各種契約関係（自治体との関係も）
- ・利害関係者とのキャッシュフロー関係
- ・時価ベースB／S（調整後）と予想ベースB／S
- ・実体ベースP／L（調整後）と予想ベースP／L
- ・資金調達能力の状況
- ・経理組織の手続
- ・担保提供資源（金融機関及び債権者の保全状況）
- ・簿外資産及び負債の有無
- ・偶発債務及び後発事象の有無
- ・係争事件の有無と訴訟内容
- ・外部会計監査の状況と結果
- ・包括外部監査の状況と結果
- ・債務圧縮政策及び資本政策（減資）の可能性
- ・経営計画書の状況（二次損失発生可能性の有無）
- ・債務償還計画の状況（法的整理の必要性の程度）
- ・清算配当率計算明細

- スキーム別長短／回収率明細
- 補助金比率の削減
- 賛助会費の増額
- 競争入札の導入
- 取扱品目の見直し
- 寄附の増額
- 人事考課制度の導入
- 資格取得奨励制度の導入
- 一括購入によるコスト削減
- ソーリング会社の活用
- IT化の推進

ⓒ 外部環境指標

- 当該三セク設立時の外部要因
- 地域住民の関心状況
- 議事録の内容
- 当該三セクの周辺環境との関係（競争関係／業務と営業の不振要因）
- 金融機関，債権者，利害関係者の状況
- 金融機関等とのリスケジュールの経緯
- 地域住民への説明責任の履行方法
- 地域振興との関係（人口／世帯的／事業所的／従業員的／販売市場／不動産市場／まちづくり状況等）
- 自治体本体の出資者及び債権者としての責任関係
- 再生による将来還元可能性分析
- 住民訴訟リスクの可能性の分析
- ビル運営等関連機関との意見交換会
- 設備運営のあり方の意見交換会

Ⓓ-1 第三セクター等の財政健全化リスク

リスク要因	リスク低減策
① 減価償却費を上回る地方債元金の償還の妥当性	減価償却計画及び地方債発行計画の検証
② 収入額の低さの妥当性	料金改定の可能性の検証
③ 利用率の低さの妥当性	利用率引上げの可能性の検証
④ 運営コストの高さの妥当性	調達コスト低減等の可能性の検証
⑤ 一般会計からの繰入不足の妥当性	繰出基準の適用の検証
⑥ 過大投資の妥当性	事業規模縮小の可能性の検証
⑦ フルコスト（総原価）計算の妥当性	直接原価・間接原価把握の正確性の検証
⑧ 民間ビジネスモデルとの競合関係	民間ビジネスモデルとの比較による検証
⑨ 外部委託・資産売却の可能性	スクラップアンドビルド方策の検証
⑩ ビジネスモデル再構築の可能性	短・中・長期ビジネスモデルの検証

Ⓓ-2 第三セクター等の損失補償債務等評価リスク

リスク要因	リスク低減策
① 財務諸表評価方式適用の妥当性	財務諸表作成手続の信頼性の確保
② 外形事象評価方式適用の妥当性	外形事象の客観的評価の確保
③ 格付機関格付利用方式適用の妥当性	格付機関格付の適切性の確保
④ 資産債務個別評価方式適用の妥当性	資産・債務の個別評価過程の信頼性の確保
⑤ 経営計画個別評価方式適用の妥当性	経営計画作成手続の信頼性の確保
⑥ 損失補償付債務償還費補助評価方式適用の妥当性	債務償還費算出過程の正確性の確保
⑦ 損失補償債務等負担見込額の妥当性	負担見込額の算出過程の正確性の確保
⑧ 財務諸表の監査等の妥当性	財務諸表監査・確認等の信頼性の確保
⑨ 公的信用保証，制度融資等の損失補償適用の妥当性	公的信用保証等の決定過程の検証
⑩ ⑨以外の形態，損失補償，債務保証の負担見込額の妥当性	負担見込額の算出過程の検証

Ⓔ 自治体第三セクターの事業再生スキームの主な特徴

スキーム＼特徴	方式内容	長所	短所（留意点）
(1) 増資	・自治体が増資に応ずる	・自治体の積極的支援のための介入の要因となる	・増資理由が住民に説明できる必要がある
(2) 借換融資	・金融機関・債権者への返済支援のための融資を行う	・自治体の既債権がある場合保全される	・抵当権が後順位となると回収不可能性が高まる
(3) 債権購入	・金融機関・債権者から債権を買い取る	・抵当権が先順位となる	・一括貸付資金が必要となる
(4) 債権割引購入	・金融機関・債権者から債権を割引して購入する	・自治体が債権割引額だけ融資資金が減額される	・抵当権が後順位となると債権回収不能となる
(5) 資産売却	・三セクの資産を外部へ売却する	・資産が高額で売却できれば，自治体債権が保全される	・資産がなくなると三セク経営が成り立たなくなる
(6) RCC方式	・RCCに不良債権を譲渡する	・税法上の優遇措置を受け債務を圧縮する	・債権放棄をすると住民訴訟の可能性がある
(7) 私的整理	・金融機関・債権者・他株主の債権放棄や減資を行う	・大口債権者・株主の同意が得られれば実行しやすい	・自治体の債権放棄・減資には住民訴訟がおきる可能性がある
(8) 民事再生	・金融機関・債権者・他株主の債権放棄や減資を行う	・法的整理であり，自治体は説明しやすい	・三セクの経営が改善されなければ，破綻する可能性がある
(9) 特定調停	・金融機関・債権者へ債務免除を求める特定調停を裁判所に申請する	・大口債権者の同意が得られれば実行しやすい	・残債務の返済について自治体が損失補償する場合が多い
(10) 特別清算	・債務超過のため金融機関・債権者の同意による法的整理である	・自治体に二次的損失は発生せず説明しやすい	・小口債権者が保全されない
(11) 破産	・法的整理であり三セク自体がなくなる	・自治体に二次的損失は発生せず説明しやすい	・利害関係者が破綻する可能性があり，民事訴訟の可能性もある

第10章 業績（行政成果）公監査の実践ケーススタディ

(ケース4)
＜テーマ＞包括外部監査における公共調達に対する監査手続

1. 契約に係る監査の要点

監査要点としては，契約事務の関係法令への準拠性，公平性，履行の確実性，効率性の観点から具体的には次のような監査手続が必要である。
(1) 契約に係る財務事務について予算と実績の管理が妥当であるか。
(2) 契約の方式決定及び相手方の選定が適法，かつ，妥当であるか。
(3) 契約の締結について正当な承認を得ているか，契約書が確実に，かつ，適時に作成されているか。
(4) 契約の履行として工事完成その他の契約の履行期限が守られ，工事は設計図及び仕様書どおりに施工されているか。
(5) 監督，検査及び検収立会が的確になされているか。

監査の要点	1. 契約に係る財務事務について月次の進行状況が予算と対比される形で報告され，管理されているか。
監査の方法（監査手続）	(1) 予算差引簿，予算執行状況報告書を閲覧し，予算と実績との間で著しい差異がある場合にはその理由の妥当性を確かめる。

監査の要点	2. 契約に係る財務事務について物品購入に関する必要な金額等の予算執行の見積りは妥当か（物品購入契約特有）。
監査の方法（監査手続）	・見積書，見積経過調書，予算執行計画書を閲覧し，月次の予算執行の見積りの妥当性を検討する。

監査の要点	3. 契約に係る財務事務について物品購入に関する月次の進行状況が予算と対比される形で報告され，管理されているか（物品購入契約特有）。
監査の方法（監査手続）	(1) 予算差引簿，予算執行状況報告書を閲覧し，予算と実績との間で著しい差異がある場合にはその理由の妥当性を確かめる。 (2) 予算消化のためのような，不要，不急の物品購入がないことを確かめる。 (3) 出納簿（物品）により，物品購入額と物品残高の比較・分析を行い相関関係が正常であることを確かめる。

監査の要点	4. 契約の方式決定及び相手方の選定について契約方法（一般競争入札）の選定が適法，かつ，妥当であるか。
監査の方法 （監査手続）	(1) 業者選定委員会規程，参加停止基準，有資格者名簿，競争参加資格確認書を閲覧し，入札参加業者が入札参加要件を満たしていることを確かめる。 (2) 施工計画書，伺書（稟議書）を査閲し，工事施工能力を担保する条件を設けていることを確かめる。 (3) 最低制限価格制度を採用していることを確かめる。もし，当該制度を廃止している場合は，低入札価格調査機関規則及び苦情処理機関規則に準拠して，低入札価格調査機関及び苦情処理機関を設けていることを確かめる。

監査の要点	5. 契約の方式決定及び相手方の選定について契約方法（指名競争入札）の選定が適法，かつ，妥当であるか。
監査の方法 （監査手続）	(1) 指名審査委員会規程，指名資格格付審査委員会規程，業者決定基準，指名停止基準，施工計画書，指名競争入札参加申請書，伺書（稟議書）等の内容を検討し次の事項の妥当性を確かめる。 ① 指名競争入札を行う理由の妥当性 ② 指名の過程で不透明又は恣意的な運用がなされていないこと

監査の要点	6. 契約の方式決定及び相手方の選定について契約方法（随意契約）の選定が適法，かつ，妥当であるか。
監査の方法 （監査手続）	(1) 随意契約ガイドライン，契約書，請書，見積書，仕様書，伺書（稟議書）の内容を検討し次の事項の妥当性を確かめる。 ① 災害による緊急を要する工事，特殊な技術を要する工事等の場合随意契約によることの理由の妥当性 ② 必要以上に条件を付して，契約の相手方を予定していると思われるようなものはないこと ③ 入札不調に係るもので，当初の条件を違法に変更しているものはないこと

監査の要点	7. 契約の方式決定及び相手方の選定について契約方法（せり売り）の選定が適法，かつ，妥当であるか。
監査の方法 （監査手続）	(1) その理由の妥当性を確かめる。

監査の要点	8. 契約の方式決定及び相手方の選定について競争入札の参加者の資格審査等が適正に行われているか。
監査の方法 （監査手続）	(1) 制限付一般競争入札要綱，業者指名停止基準，入札参加資格者名簿，資格審査結果通知書控，客観点数通知書，工事実績データ，伺書（稟議書）の内容を検討し次の事項の適正性及び妥当性を確かめる。

第10章　業績（行政成果）公監査の実践ケーススタディ

	①　一般競争入札，特に制限付一般競争入札の参加資格の適正性 ②　施工能力有無の判断には，同種工事の実績，十分な資格及び経験を有する技術者の配置等を条件としていること ③　施工困難な工事については，あらかじめ施工計画の提出を求め，事前に技術審査を行っていること ④　業者の受注可能量，工事成績，労働安全の状況等について検討されていること ⑤　参加資格は公示されていること (2)　参加格付審査委員会規程，資格審査事務処理基準，業者選定調書の内容を結果し，指名競争入札の参加資格の適正性を検討する。上記(1)②，③，⑤に準じて行っていることを確かめる。 (3)　指名業者通知書控，入札参加資格者名簿，契約一覧表の内容を検討し次の事項の適正性及び妥当性を確かめる。 ①　指名競争入札参加資格者の指名等の適正性 ②　指名参加人員は契約規則等で定められている人員を満たしていること ③　入札又は落札意欲の乏しい者，指名保留理由のある者を指名していないこと ④　指名基準に従って指名していること ⑤　指名先は正当な理由なく，特定の業者に偏っていないこと (4)　せり売りの参加資格の適正性を確かめる。上記(1)②，③，④，⑤に準じて行っていることを確かめる。

監査の要点	9.　契約の方式決定及び相手方の選定について入札手続等が適正に行われているか。
監査の方法 （監査手続）	(1)　伺書（稟議書）を閲覧し，公告又は通知等の諸手続の適正性を確かめる。 (2)　入札条件，内容が明確に示されていることを確かめる。 (3)　予定価格調書，仕様書，設計図書を閲覧し，最低制限価格を適用する工事については，予定金額，予定価格及び最低制限価格の算定が取引の実例価格，需要状況，履行の難易，数量の多寡及び履行期間から見て適正に行われていることを確かめる。 (4)　仕様書，設計図面及び説明書が適正に作成されていることを確かめる。 (5)　予定価格等の秘密保持について配慮していることを確かめる。 (6)　入札・契約手続運営委員会規程，入札書，落札通知書控，予定価格調書，設計図書，仕様書の内容を検討し，入札，再入札，開札及び落札の手続の適正性及び妥当性を確かめる。 (7)　随意契約による場合，業者経歴書，見積書，仕様書，伺書（稟議書）を閲覧し，見積書は原則としての2人以上から徴していることを確かめる。 (8)　代理人による入札は，委任状と突合し，その権限の適法性を確かめる。 (9)　せり売りの手続の適正性を確かめる。上記(1)及び(6)④，⑤に準じて行っているか。

監査の要点	10. 契約の方式決定及び相手方の選定について入札及び契約手続における不正行為を排除するための措置は適切か。
監査の方法 （監査手続）	(1) 手続の透明性を高めるため，入札監視委員会規則，変更契約監視委員会規則，苦情処理機関規則に準拠し，監視機関等を活用していることを確かめる。また，当該諸機関の機能の有効性について評価する。 (2) 工事完成保証人に代え履行保証保険又は金銭保証を付することにしている場合，履行保証保険契約書，金銭保証契約書を閲覧し，当該保険及び保証の内容の妥当性を確かめる。 (3) 契約書，工事完成保証人届を閲覧し，工事完成保証人を相指名業者に限定していないことを確かめる。また，相指名業者から選定している場合は，その理由の妥当性を確かめる。 (4) 共同企業体については次の事項に留意する。 ① 共同企業体による工事の場合，共同企業体運用基準，建設工事共同企業体取扱基準，共同企業体協定書に準拠し，その工事が大規模であり，かつ，技術上の必要性が高いものであることを確かめる。 ② 共同企業体の結成に当たり，業者間の談合を誘発するような予備指名を行っていないことを確かめる。代表通知方式，公示募集方式等の採用を検討したことを確かめる。 ③ 単独で施工することができる企業がある場合，競争性を高めるため単体と共同企業体の混合による入札の採用を検討したことを確かめる。 (5) コンサルティング業務発注に当たり，工事実績データ，技術提案書，参加表明書等を閲覧し，随時契約ガイドライン，指名業者選定委員会規程，指名基準に準拠し，業務内容を事前に公表し，受注希望者を募る公募型プロポーザル方式又は公募型競争入札方式を採用していることを確かめる。 (6) 談合情報が伝えられた入札があれば，それに適切に対応していることを確かめる。 (7) 業者の監理技術者について，新しい資格登録制度による監理技術者資格証の切替えができていることを確かめる。

監査の要点	11. 契約の締結について議会の議決等正当な承認を得ているか。
監査の方法 （監査手続）	(1) 議会の議決を必要とする契約については，契約書，予算書，工事着工届，議会議事録，伺書（稟議書）を閲覧し，議決前の仮契約手続の適正性を確かめる。 (2) 継続費の総額又は繰越明許費（建設改良費の翌年度繰越使用）の範囲内におけるものを除くほか，翌年度以降経費支出を伴う契約については，予算書，契約書添付書類を閲覧し，予算で債務負担行為として定めていることを確かめる。 (3) 条例等権限表，契約書を閲覧し，権限を超えた契約を締結しているものはないことを確かめる。 (4) 条例等権限表，契約書を閲覧し，一体の契約であるにもかかわらず，恣意的に分割しているものはないことを確かめる。

第10章　業績（行政成果）公監査の実践ケーススタディ

	(5) 契約書，予算書，予算配当通知書を閲覧し，予算の配当額を超える契約，配当前における契約はないことを確かめる。

監査の要点	12. 契約の締結について契約書が確実に，かつ，適時に作成されているか。
監査の方法 （監査手続）	(1) 条例等権限表，支払命令書を閲覧し，契約書作成省略要件に該当しないにもかかわらず，契約書の作成を省略しているものはないことを確かめる。 (2) 発注書，納品書，契約書との突合により契約締結前に物品を納入させたり，工事に着工させていないことを確かめる。

監査の要点	13. 契約の締結について契約条項は必要十分であるか。
監査の方法 （監査手続）	・契約書，伺書（稟議書）を閲覧し，個々の契約の性質，目的によって，必要，かつ，十分な内容が約定されていることを確かめる。

監査の要点	14. 契約の締結について契約金額は適正であるか。
監査の方法 （監査手続）	(1) 契約書と予算書を照合し，契約金額の適正性を確かめる。 (2) 単価表，工事説明書を吟味し，予定価格の積算手続及びその内容の適正性を確かめる。 (3) 収入印紙は契約金額に対応して貼付され消印されていることを確かめる。

監査の要点	15. 契約の締結について契約保証金は適正に受け入れているか。
監査の方法 （監査手続）	(1) 契約書と預り証控を突合し，契約保証金の全部又は一部が納入されていないときは，それに代わるべき担保が確保されていることを確かめる。 (2) 財産調書，預り証控，担保物品預り台帳を閲覧し，契約保証金又は担保物件としての有価証券が納入されているときは，その保管，管理の適正性を確かめる。

監査の要点	16. 契約の締結について契約変更等が妥当であるか。
監査の方法 （監査手続）	(1) 長期基本計画書，当初契約書，変更契約書を閲覧し，契約変更がやむを得ないものであり，また，当初から予定されていたものではないことを確かめる。 (2) 当初契約書と変更契約書の内容を比較，検討し，追加工事，設計変更等によって，当初の入札が無意味となっていないことを確かめる。 (3) 金額，期間その他の変更により，不利益又は浪費をもたらしているものがないことを確かめる。 (4) 契約の変更により事業執行に支障をきたしているものがないことを確かめる。

	(5) 契約発注の時期及び契約変更時期が適切なことを確かめる。また，年度末に集中して発注又は契約変更がされていないことを確かめる。 (6) 契約変更等の事務手続が適時，かつ，適切に行われていることを確かめる。

監査の要点	17. 契約の締結について物品取得の手続等が適切であるか（物品購入契約特有）。
監査の方法 （監査手続）	(1) 伺書，見積書，仕様書を閲覧し物品の購入手続，価格，規格，数量等の適正性を確かめる。 (2) 寄付物品については，寄付受納の手続の妥当性を確かめる。

監査の要点	18. 契約の履行について工事完成の時期，その他の契約の履行期限が守られているか。
監査の方法 （監査手続）	(1) 工事完了報告書と契約書，工事検査書，納品書，工事遅延処理書を突合し，工事完成時期の妥当性を確かめる。 (2) 工事完了報告書が契約に従い適時に入手されていることを確かめる。

監査の要点	19. 契約の履行について工事は設計図及び仕様書どおりに施工されているか。
監査の方法 （監査手続）	(1) 現物実査及び仕様書，工事監督日誌，検査報告書，工事監督報告書を閲覧し，粗悪な材料の使用，施工の粗雑，手抜き工事等がないよう検査が適切に行われていることを確かめる。

監査の要点	20. 契約の履行について取得財産の検収は適正に行われているか。
監査の方法 （監査手続）	(1) 条件付検収の場合，着工届，工事工程表，検査報告書によりその後の留保条件の履行状況の妥当性を確かめる。

監査の要点	21. 契約の履行について契約代金及び前払金の支払いが適切であるか。
監査の方法 （監査手続）	(1) 契約書，検査書を閲覧し，部分払いの査定の妥当性を確かめる。 (2) 条例等権限表を閲覧し，契約の適正な履行確認後に支払が行われていることを確かめる。

監査の要点	22. 契約の履行について購入物品に関する契約の内容，納入時期等は妥当であるか（物品購入契約特有）。
監査の方法 （監査手続）	(1) 購入した物品が，契約書等の規格，数量等に合致していることを確かめる。

監査の要点	23. 監督，検査について担当する職員の任命が適正であるか。

第10章　業績（行政成果）公監査の実践ケーススタディ

監査の方法 （監査手続）	(1) 職員履歴等を閲覧し，不正事故防止のため職員の配置について格別の配慮がなされていることを確かめる。 (2) 個人別日程表により一人当たりの処理件数を検討し，異常に多い場合には監督，検査の手抜き等がないことを確かめる。

監査の要点	24. 監督・検査について監督が的確になされているか。
監査の方法 （監査手続）	(1) 工事監督日誌，工事工程表を閲覧し，履行状況の把握が随時・的確になされていることを確かめる。 (2) 契約履行の遅滞及び不履行に対する契約の解除違約金の徴収等の処置の妥当性を確かめる。 (3) 契約解除後の処置状況の妥当性を検討する。 (4) 契約の目的物に瑕疵があるときは，速やかに瑕疵の補修又は損害賠償を請求していることを確かめる。

監査の要点	25. 監督・検査について検査・検収立会が的確になされているか。
監査の方法 （監査手続）	(1) 検査書，工事請負契約書を閲覧し，検査の実施時期に遅れはないことを確かめる。 (2) 検査又は検収の結果，不合格の場合（不適格品，目減り，粗雑工事等）の処理状況の妥当性を検討する。

監査の要点他	26. 監督・検査について監督又は検査の補助事務を職員以外のものに委託した場合，履行及びその内容の確認が適切に行われているか。
監査の方法 （監査手続）	(1) 検査報告書，監督日誌，試験成績報告書（承諾願）を閲覧し，現場事務所に常駐すべき者が常駐していることを確かめる。

（第10章担当　鈴木　豊）

第11章

業績（行政成果）公監査制度確立の処方せん

＊プロローグ＊
1. パブリックインフォームドコンセント（PIC）とパブリックアカウンタビリティ（PA）の識別
2. 業績（行政成果）報告と公会計基準統一の方向性の識別
3. 公会計開示報告書の目的すなわち世代間衡平性の識別
4. 行政（政策）評価と公監査，または内部公監査と外部公監査の識別
5. 公監査の保証水準と公監査人の責任限界の識別

＊むすびにかえて＊

＊プロローグ＊

　近年，公会計・公監査の理論的・制度的な議論が盛んになってきていることは，大変，学会としても，実務家にとっても望ましいことではある。しかし，現実は，議論はあっても理論・基準の収斂化と制度の確立は遅々として進んでいない。そこで，"あえて"その"処方せん"を示すこととしたい。

1　パブリックインフォームドコンセント（PIC）とパブリックアカウンタビリティ（PA）の識別

　公会計・公監査が何故必要であるか，どのような目的で行うのかについての基礎的な認識あるいは合意が，税金，公金を負担する国民・市民・納税者や公会計・公監査担当者に，わが国では無いあるいは薄いということである。パブリックイフォームドコンセントとは，税金，公金を強制的に賦課する目的・理由を，すなわち事前目標を示すことであり，この目標・指標を達成したかどうかの結果・成果を報告することがパブリックアカウンタビリティの履行目的である。

＜処方せん＞「国民・市民・納税者と公会計・公監査関係者がパブリックインフォームドコンセントとパブリックアカウンタビリティを識別しなければならない。」

公　監　査
法規準拠性監査，財務報告監査，業績（行政成果）監査
公　会　計
広義の業績（法規準拠性，財務，業績）
パブリックアカウンタビリティ
包括性・完全性の測定・開示
パブリックインフォームドコンセント
国民・市民・納税者への税金・公金賦課の同意

② 業績(行政成果)報告と公会計基準統一の方向性の識別

わが国の公会計基準の統一性の方向について,「包括性・完全性」という国際的に認知されている概念に対する識別がほとんど無いために,統一化されるまで公会計基準の構成内容が不明瞭なままである。

国・地方公共団体の広義の業績は,もとより純利益ではなく,法規準拠性,財務報告,業績(行政成果)であり,これが包括的・完全的開示という意義の認識が不十分である。

＜処方せん＞「行政府・立法府は国民・市民・納税者へ行政成果を,包括的に完全的に認識・測定して開示する義務があることを識別しなければならない。」

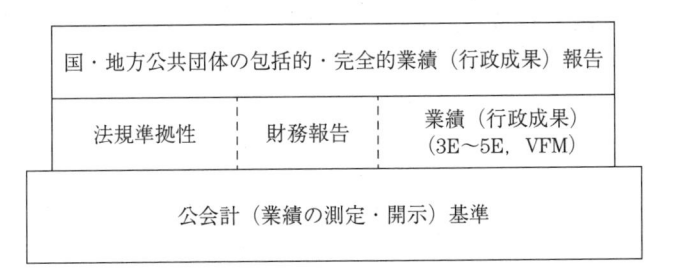

国・地方公共団体の包括的・完全的業績(行政成果)報告		
法規準拠性	財務報告	業績(行政成果)(3E〜5E, VFM)
公会計(業績の測定・開示)基準		

③ 公会計開示報告書の目的すなわち世代間衡平性の識別

広義の公会計情報たる国民・市民・納税者への開示情報によって測定・伝達されるべき開示内容の中心は,世代間(期間)の衡平性である。この衡平性目的は,公会計で示されるべき行政府による税金・公金支出が,世代間の衡平性を維持し,その結果を示しているかである。衡平性の内容は,法規準拠性,財務報告,業績(行政成果)について,過去,現在,将来世代間の衡平性を維持

されているかの視点が充足されているかということであり不十分である。

<処方せん>「国・地方公共団体，公会計・公監査関係者は，過去，現在，将来世代間衡平性のための公会計基準・開示基準及び公監査基準の必要性を識別しなければならない。」

世代間の衡平性の維持		
過去世代　→　現在世代　→　将来世代		
法規準拠性報告	財務報告	業績(行政成果)報告
公会計基準		
公監査基準		

４ 行政（政策）評価と公監査，または内部公監査と外部公監査の識別

　国・地方公共団体において近年，行政評価，政策評価，行政レビュー，事業仕分け等のいわゆる評価が多く行われているが，これが公監査の区別をあいまい化し，国民・市民・納税者への有効な機能を果たすこととはなっていない。行政評価は業績（行政成果）公監査の一つの手続・手法であること，また，内部性と外部性を混乱させている欠陥もこれに含まれている。

<処方せん>「公監査人は，実施している公監査と行政評価，外部公監査と内部公監査の区分を認識し，併せて利用者たる国民・市民・納税者へこれらを識別するための説明を要する。」

第11章 業績（行政成果）公監査制度確立の処方せん

内　部	外　部
公監査	公監査
評価手続 → 監査手続	評価手続 → 監査手続
包括的公監査	
包括的公会計情報	

5　公監査の保証水準と公監査人の責任限界の識別

　公会計による開示報告に対して公監査がパブリックアカウンタビリティの終点において実施され，・地方公共団体の行政府の公的説明責任が解除される。このことは，立法府の責任においても同様である。公監査を実施する公監査人の責任は，法規準拠性報告，財務報告，業績（行政成果）報告に対する保証業務水準によってその責任限界が決定されること，すなわち，各公監査業務を責任の観点から識別することの認識が不十分である。

＜処方せん＞「公監査人は，自らの責任の水準を，公監査目的，保証水準，準拠基準と採用する証拠力の判定によって厳格に識別しなければならない。」

公監査人の責任	低　い　→　重　い
保証水準	低　い　→　高　い
基準・証拠	非確定的　→　確定的
	法規準拠性，財務報告，業績（行政成果）

＊むすびにかえて＊

　以上のことから，現在研究・議論されている公会計・公監査の内容についてあえて指摘をした5点は，これらを解決し明確に国民・市民・納税者に提示しなければ，制度の確立までには到達しないであろう。ただし，公会計・公監査の先行諸外国においても数十年をかけて現在の公会計基準・公監査基準の確立に至っているのであり，わが国においても公会計基準・公監査基準の統一化に向けてその時点での世代間の衡平性を維持できる最も優位性のある水準を段階的に制度設計していくことが，国民・市民・納税者から望まれていることを公会計・公監査関係者は認識すべきである。

	財務報告書 (財務諸表)	法規準拠性 報告書	業績（行政成果) 報告書
公会計基準	個 別 基 準 →	統 一 化 →	包 括 化
公監査基準	個 別 基 準	→	包 括 化
	内部財務統制	→	業績管理統制

　　　　　　　　　　　　　　　　　　（第11章担当　鈴木　豊）

索　引

3E（監査）……… 6, 10, 13, 38, 47, 59, 154, 156
5E ……………………………… 6, 10, 13, 38, 47
AICPA（アメリカ公認会計士協会）…… 127
GAAS（Generally Accepted Auditing Standards；一般に公正妥当と認められた監査基準）……………… 8, 21, 27, 125
GAGAS（Generally Accepted Government Auditing Standards；一般に公正妥当と認められた政府（公）監査基準）…………………… 22, 125, 155
GAO（Government Accountability Office；アメリカ会計検査院）…… 36, 124
GASB（アメリカ政府会計基準審議会）
……………………………………… 97, 123
GPRAMA（GPRA 近代化法）…………… 121
INTOSAI（International Organization of Supreme Audit Institutions；最高会計検査機関国際組織）……………… 22, 55
NPM ………………………………………… 8, 15
OBM 通達（NO.A-133）………………… 127
PDCA ………………………………………… 8
SEA（サービス提供の努力と成果に関する情報）報告（書）……… 97, 121, 123
VFM（Value For Money）（監査）
……………………… 6, 13, 38, 45, 47, 55, 154

【ア行】

アウトカム（outcome）…… 37, 39, 40, 74, 100
アウトプット（output）…… 37, 39, 40, 74, 100
アクティビティ（activity）……………… 40
アサーション（言明）……………… 118, 122
アシュアランス（保証）………………… 120
アメリカ政府公監査基準（イエローブック）
……………………………………………… 124
イギリス監査委員会（Audit Commission）
……………………………………………… 127
一般目的財務報告（GPFRS）95, 97, 98, 123
インパクト（impact）…………………… 40
インプット（input）……… 37, 39, 40, 100
インフルエンス …………………………… 50
エンティティ …………………………… 119
オーソリティ（authorities）………… 29, 118
公けの知る権利 …………………… 7, 8, 123

【カ行】

会計監査人 ……………………… 104, 108
会計検査院 ……………………… 62, 110, 148
概念フレームワーク ………………… 95, 96
外部監査 ……………………… 58, 62, 144
外部公監査人 ……………………………… 8
ガバナンス監査 …………………………… 4
監査委員（監査）……… 55, 57, 62, 77, 144
監査基準 ……………………… 64, 75, 103, 111
監査共同組織（地方監査共同組織）
……………………………………………… 64, 161
監査実務コード（規範）(Code of Audit

195

Practice) ……………………………… 127, 155
監査証拠 ………………………………………… 43
監査調書 ………………………………………… 43
監察 (inspection) …………………… 26, 47, 120
監察総監 (Inspector General) ………… 149
監査の着眼点 ……………………………… 76, 79
期待ギャップ ………………………………… 15
行政評価 …………………………………… 72, 192
行政監査 ……………………… 57, 60, 65, 77, 79, 80
行政マネジメントプロセス ……………… 15
業績 (行政成果) 公監査
 …… 4, 15, 16, 20, 33, 36, 51, 89, 130, 137, 166
業績 (行政成果) 公監査基準 …………… 61
業績 (行政成果) 公監査 (の) 報告書 … 79
業績 (行政成果) 報告書 (Performance
 Statement) …………………… 4, 10, 114, 121
業績 (政策) 評価 …………………………… 42
業績・経営監査 ………………………………… 4
業績管理統制 ………………… 10, 15, 42, 152, 194
業績計画監査 …………………………………… 4
業績 (の) 指標 (基準)
 ………………………… 6, 13, 39, 46, 70, 73, 122
業績 (の) 測度 ……………… 39, 46, 122, 129
クリアリングハウス …………………………… 50
経済性 (Economy) ………… 4, 37, 39, 108, 112
継続的専門教育 (CPE) …………………… 24
限定的保証業務 ……………………………… 113
合意された手続 (agreed-upon
 procedures) …………………………… 27, 113
公会計基準 ……… 12, 21, 26, 130, 161, 191, 194
公会計・公監査改革 ………………………… 9
公会計・公監査の目的10段階 …………… 12

公監査アプローチ …………………………… 10
公監査基準
 ……… 20, 21, 22, 130, 142, 154, 161, 167, 194
公監査人 …………………………… 149, 193
合規性監査基準 …………………………… 118
公正性・妥当性監査 ………………………… 4
効率性 (Efficiency) ……… 4, 37, 39, 108, 112
合理的な保証 (reasonable assurance)
 ………………………………… 25, 38, 104, 126
合理的保証業務 …………………………… 113
ゴーイング・コンサーン …………… 25, 29, 30
コーポレートガバナンス ……………… 10, 30
国際会計基準審議会 (IASB) …………… 96
国際会計士連盟 (IFAC) ………………… 94
国際監査 (・保証) 基準 (ISA) ……… 21, 22
国際監査・保証基準審議会 (IAASB)
 …………………………………………… 22
国際公会計基準 (IPSAS) …… 94, 95, 96, 123
国際公会計基準審議会 (IPSASB)
 …………………………………… 94, 95, 97
国際財務報告基準 (IFRS) …………… 94, 96
国際保証業務基準 (ISAE) ……………… 113
国立大学法人 ……………………………… 102
個別外部監査 …………………………… 59, 160

【サ行】

サービス業績情報報告 (Reporting
 Service Performance Information)
 ……………………………… 97, 101, 114, 123
財政制度等審議会 ………………………… 108
財務監査 ……………………………… 55, 58
財務関連 (公) 監査 ……………………… 27

索　引

財務諸表監査 ……………… 25, 27, 106, 165
財務報告公監査 ………………… 15, 20, 166
重要性 ……………………………………… 42
職業的懐疑心 ……………………………… 111
真実公正な概観（true and fair view）…… 25
随意契約 ………………………………… 106
（政策）価値判断監査 ………………… 4, 47
政策（行政）評価 ………………… 47, 192
正当な注意 ……………………………… 142
世代間（期間）衡平性 ……… 191, 192, 194
全国都市監査委員会 ………………… 60, 145

【タ行】

第30次地方制度調査会 …………… 65, 145
単一監査法監査 ………………………… 126
地方行財政検討会議 …………… 62, 144, 161
陳述（representation）………………… 122
顛末責任 ………………………………… 5, 54
独立行政法人 …………………… 102, 104, 108
独立性 …………………………………… 23, 111

【ナ行】

内部監査 …………………………………… 31
内部牽制（制度）…………………………… 9
内部統制 ………… 9, 31, 107, 127, 151, 152, 158
日本公認会計士協会 …………… 106, 111, 165

【ハ行】

発生主義 ……………………………… 6, 54, 71
パブリックアカウンタビリティ（PA）
　…………………………… 5, 6, 7, 15, 190
パブリックアカウンタビリティチェーン
　………………………………… 7, 16, 21
パブリックインフォームドコンセント
　（PIC）………………………… 7, 8, 190
ピアレビュー（peer review）……… 24, 165
非財務情報 …………………………… 8, 112
品質管理（Quality Control；QC）
　……………………… 26, 48, 49, 82, 134, 164, 165
不適正経理 ……………………… 146, 151, 158
ベンチマーク …………………………… 73, 74
包括外部監査 ………………… 58, 160, 165
包括的（完全的）監査（Comprehensive
　Audit）………………………………… 15, 166
法規準拠性 ………………… 41, 103, 137, 191
法規準拠性公監査 …… 15, 20, 29, 130, 134, 166
法規準拠性公監査報告書 ……………… 126
法規準拠性結果報告書 ………………… 118
保証業務（assurance service）
　………………………………… 8, 11, 17, 113
保証水準 ………………………………… 47, 193

【マ行】

マネジメントレター …………………… 110
モニタリング …………………………… 31, 148

【ヤ行】

有効性（Effectiveness）……… 4, 37, 39, 40
有効性監査 …………………………… 89, 124

【ラ行】

リスクアプローチ ………………………… 26
立法府（議会）監査人（legislative
　auditor）………………… 8, 24, 31, 149, 156

197

〔著者経歴〕

鈴木　豊（すずき　ゆたか）
　現在，青山学院大学名誉教授・東京有明医療大学客員教授・一般社団法人青山公会計公監査研究機構理事長・経営学博士・公認会計士・税理士。
　亜細亜大学副学長，青山学院大学大学院会計プロフェッション研究科長・教授等
　東京都「地方独立行政法人評価委員会」委員
　総務省「地方公営企業会計制度等研究会」座長
　さいたま市「外郭団体経営改革推進委員会」委員長
　総務省「今後の新地方公会計の推進に関する研究会」座長
　地方公共団体金融機構経営審議委員会委員長代理
　内閣府「行政刷新会議民間評価者」等を歴任。
〔著書〕
　『政府・自治体パブリックセクターの公監査基準』（単独）2004年　中央経済社
　Government Accountability Office『アメリカの政府監査基準』（U.S.GAO）（翻訳）（単独）中央経済社
　『公監査』（単独）2008年　同文館出版
　『自治体の会計・監査・連結経営ハンドブック』（単独）2008年　中央経済社
　『地方自治体の財政健全化指標の算定と活用』（単独）2009年　一般財団法人大蔵財務協会
　『公会計講義』（共著）2010年　税務経理協会（他多数）

林　賢是（はやし　けんし）
　日本大学法学部非常勤講師
　青山学院大学大学院　会計プロフェッション研究科博士後期課程修了
　博士（プロフェッショナル会計学）
〔著書〕
　『公会計講義』（共著）2010年　税務経理協会

石井和敏（いしい　かずとし）
　青山学院大学大学院　会計プロフェッション研究科博士後期課程標準年限修了
〔著書〕
　『公会計講義』（共著）2010年　税務経理協会

編著者との契約により検印省略

平成25年5月15日　初版第1刷発行

業績（行政成果）公監査論

編著者	鈴　木　　　豊
発行者	大　坪　嘉　春
製版所	美研プリンティング株式会社
印刷所	税経印刷株式会社
製本所	株式会社　三森製本所

発行所　東京都新宿区下落合2丁目5番13号　株式会社　税務経理協会
郵便番号　161-0033　振替00190-2-187408　電話(03)3953-3301(編集部)
FAX(03)3565-3391　(03)3953-3325(営業部)
URL http://www.zeikei.co.jp/
乱丁・落丁の場合はお取替えいたします。

© 鈴木 豊 2013　　　　　　　　　　　Printed in Japan

本書を無断で複写複製（コピー）することは、著作権法上の例外を除き、禁じられています。本書をコピーされる場合は、事前に日本複製権センター（JRRC）の許諾を受けてください。
　JRRC〈http://www.jrrc.or.jp　eメール：info@jrrc.or.jp　電話：03-3401-2382〉

ISBN978-4-419-05936-1　C3034